《辉煌的沧桑——金溪古村落群印象》编撰委员会

主编

王成兵

副主编

邹裕明　王筱雄　申进东

执行主编

陈振寿

策划

黄　志

责任编辑

郑小文

摄影

朱文荣　陈振寿　郑小文　邓兴东

校对

吴　艳

辉煌的沧桑

——金溪古村落群印象

王成兵　主编

序

王成兵

曾经"养在深闺人未识"的金溪古村落，如今正缓缓地掀开神秘的面纱，向世人展现其迷人的风姿：2016年4月中旬，"文化遗产保护与数字化国际论坛（CHCD）"、"数字遗产中国行"活动走进金溪，全国30余位专家、学者相约金溪，共商古村落保护与发展之策，形成了古村落保护与发展的"金溪共识"；《人民日报》、《光明日报》、中央电视台、新浪网等20多家国内主流媒体聚焦金溪，金溪古村的知名度、影响力大增；中央电视台《国宝档案》连续一周在黄金时段播出专题栏目，让金溪古村、古文化名播大江南北，八方游客纷至沓来。

金溪古村落群犹如一座体量巨大的富矿。全县现存格局完整、历史风貌浓郁、地方特色鲜明的传统村落45个，其中，中国历史文化名村3个、中国传统村落6个、省级历史文化名村9个，且有一大批可申报的古村落；存留明清古建筑11633栋，数量居江西省第一，金溪县也于2013年被评为全省十大文化古县之首。金溪古村落群的整体特征可概括为"古、精、活、和、贵"五个方面。"古"：数百年甚至上千年的历史；"精"：古村落布局考究、建造精美；"活"：浓郁的地域文化、宗族文化与古村落融会共生、世代传承；"和"：选址、建造与自然环境和谐共生，营造出"山深人不觉，同在画中居"的境界；"贵"：稀缺性、脆弱性及不可逆性，决定了古村

浒湾镇书铺街门楼

双塘镇竹桥古村

辉煌的沧桑——金溪古村落群印象

落具有不可估量的价值。

金溪古村落群犹如一幅年代久远的名画。她美轮美奂，价值连城。漫步金溪古村，徜徉于青石板铺就的一条条幽深小巷，一幢幢"大夫第""进士第""总宪第""侍郎坊"扑面而来，星落其间的明清"豪宅"不经意间就能邂逅；一座座气势恢宏的门楼，历经数百年风雨洗礼，依稀可见往日的辉煌；数不胜数的祠堂、村庙、牌坊，犹如远古的"贵族"，于寂寞中坚守一份尊严，在令人目不暇接的同时，给人一种独特的、美的享受。中国文物学会副会长付清远对此赞誉有加："金溪古村落群是赣派建筑最典型代表，是江右文化的重要物质载体。由于古建筑种类齐全、数量众多、品位极高，在中国同类历史遗产中的价值与地位，等同于徽州古村落群、福建土楼群、黔东南苗寨。"

辉煌总被雨打风吹去，这些凝聚金溪先贤心血的唯美建筑，在穿越数百年的时光之后，如今已是满目沧桑。随着青壮劳力外出务工，古村"空心化"现象日益突出，古民居加速衰老、破败、坍塌。岁月，让金溪古村落群布满历史的沧桑，愈显厚重和珍贵。那些镌刻在老屋上的历史痕迹亟待拯救，唯其如此，方能让后人"望得见山，看得见水，记得住乡愁"。

"路漫漫其修远兮，吾将上下而求索。"近年来，我们加大对古村落群保护与发展力度，坚持"两并重，两统一"：政府引导与公众参与并重，文化内涵与生态环境并重；科学规划与分步建设相统一，合理保护与旅游发展相统一，逐步摸索并形成一套行之有效的

琉璃乡澳塘周家

古村风光

古村保护与发展的"金溪模式"。

为了引导更多公众共同参与保护古村，我们相继编辑出版了《印象金溪——明清古村落》、《金溪古村落四季行》、《金溪明清古建筑》等图书，营造浓厚的传承保护氛围；我们创设了微信公众号"金溪古村"，以"寻访缤纷记忆，留住美丽乡愁"为初衷，全力推介金溪古村落群的建筑特色、民俗风情、民间故事、古村"非遗"等，旨在唤醒全县民众保护古村的意识。自2015年4月30日上线以来，"金溪古村"好评如潮，读者关注度、阅读数和点赞数都持续上升。

在上线一周年之际，我们整合公众号上刊发的所有信息，结集成册，书名定为《辉煌的沧桑》，自豪中有淡淡的惋惜，其意在于提醒民众：我们的祖先曾经无比辉煌，作为后人，不可妄自菲薄；金溪古村落群体量庞大，但仅靠政府之力还远远不够，需要全民共同参与。

作为主编，真心希望社会各界群策群力，共同造就金溪古村落群的再度辉煌。但愿到那时：象山故里，学者云集；江南书乡，游人如织；竹桥古村，千烟和睦；华夏香都，万家欢笑。

诚如愿，则今日之忧烟消云散。

是为序。

2016年8月

精美的门楣石雕

目录

序 / 1

古村风采

寻梦·千古金溪	2
农、商、儒并重的农耕文明"标本"——竹桥	8
敬文重教族风盛　才俊辈出教授村——东源	12
临川才子金溪书　书香一脉古韵悠——浒湾	16
金溪民间神仙徐祥可故里——蒲塘	20
荒陬深处，一座精美堪比贵族庄园的古村——东岗	24
明朝建筑博物馆——游垫	27
王安石外祖吴氏后裔村——城湖	30
明朝宰相蔡国用故里——靖思	34
一个或与皇室联姻的古村落——旸田	37
鱼米之乡　人文璀璨——孔坊	40

文天祥两次到访过的金溪古村——邓家	43
一座因水而兴、三村惇睦共处的大聚落——彭家渡	46
明代太医官龚居中故里——大柘	49
一个爽垲阳明的古村——大耿	52
一座"好比金銮殿"的古村——印山	56
"孝友传家"血缘纯正的单姓村——全坊	60
一个出现在《封神榜》中的美丽名字——岐山	64
理学精华之故园——疎口	68
灵谷峰下　人文蔚起——黄坊	72
金溪战役指挥中枢——后龚	76
防御性强且格局鲜明的古堡村——北坑	80
抚河江畔一遗珠——石门	84
象山故里　心学之乡——陆坊	87
大山深处的绿色古村——符竹	91
民风淳朴　文风璨耀——下李	95
后周孟皇后凤辇驻停之地——后车	99
"医林状元"龚廷贤故里——霞漈龚家	103
腾蛟起凤　文韬武略——涂坊	107
名门后裔之村——尚庄	111
来金溪老街　享受慢时光	115

古建解读

书香古韵话金溪	120
以人为本　以品为先　耕读传家　农商并重	
——金溪古村落解读之竹桥古村	125
章法各异　个性纷呈	
——金溪古村落解读之村落整体格局	132

不露声色的"方盒子"
　　——金溪古村落解读之传统建筑立面　　138

荒芜中的贵族　寂寞中的尊严
　　——金溪古村落解读之门楼　　144

门楣之光耀　人文之守望
　　——金溪古村落解读之科举建筑　　148

功德之标杆　家族之荣光
　　——金溪古村落解读之明代牌坊建筑　　152

令人敬畏的"圣殿"
　　——金溪古村落解读之祠堂　　156

质朴的信仰　心灵的憩园
　　——金溪古村落解读之村庙　　160

寻访金溪"古文明"　　165

民间故事

金溪民间神仙——徐祥可的传说　　172

文天祥吟诗蟠龙庵　　179

竹桥民间传说二则　　182

"清谨宰相"蔡国用的传说故事　　186

后车民间故事二则　　190

疏口"拂帚宝地"与"袈裟飞升"的传说　　194

陆坊青田桥"十二属相"的传说　　197

大耿民间故事二则　　200

全坊民间传说故事四则　　204

符竹民间传说故事二则　　209

黄坊民间传说二则　　213

朱德总司令在后龚　　216

非遗选粹

浒湾雕版印刷的工艺流程	222
浒湾雕版印书业的特点	226
浒湾雕版印刷的文化价值	230
摇上国际大舞台的金溪"手摇狮"	235
浒湾油面制作技艺	239
藕丝糖传统手工技艺	243
蚌壳灯	246
马步灯	249
矮脚龙	252

附图：金溪县历史文化名镇名村及传统村落分布图 / 255

后记 / 257

古村风采

寻梦·千古金溪

寻梦书铺街

辉煌的沧桑——金溪古村落群印象

"春水满江泽，夏云生奇峰，秋月扬清辉，冬岭秀劲松。"

这里是绿色的天堂，处处张扬着绿的气息，焕发绿的灵性。走进这片锦绣土地，每一次的呼吸都会让你感动，都能感受到她的纯净与安详。青山翠拥，碧水环绕，山因水清，水依山秀。源于绿水青山间的那份自然和谐的神韵，令人不禁遐思：这究竟是真实的山水，还是画中的幽境？

金溪，一方被山水与人文浸润的千年古邑。山川是一幅绚丽画卷，人文是一部厚重史书。

这里曾盛载典故，演绎生命；这里曾迭经风雨，沧桑烟尘。

寻梦其遍布境内的古韵遗风，漫步深宅幽巷，抚摸雕花窗棂，踏着青苔石板，仿佛穿行在悠长的时空隧道，不知今夕何夕！空寂古巷中，雕琢、刻版之声依旧隐约可闻；先民植下的槐柏，历经千百寒暑，依疏影横斜，暗香浮动。

金溪小陂窑古瓷片

赛龙舟

古村风采

　　这方悠古的土地，因古色而厚重，因绿色而秀美，因红色而豪迈，因禅道而灵慧。

　　金溪"古"，古得厚重。远唐冶银炉火熊熊，两宋时期陶瓷重地，北宋淳化五年（994）建立县制，方仲永的故事流传千古；南宋"百世大儒"陆象山，元代史学家危素，明代"医林状元"龚廷贤……千年古刹疏山寺见证着峥嵘岁月，浒湾书铺街"籍著中华"三百年，"历史文化名村"竹桥彰显江南农耕文化；"两手拨动世间事，弧步灵动演古今"的手摇狮、马步灯、跑旱船等众多极具地方特色的非物质文化遗产穿越岁月，向世人呈现出一个涵盖过去、现在与未来的江南意象。

　　这里曾经百货骈臻、商贾云集，留下了浒湾古镇、书铺街、竹桥等规模宏大的商埠；这里也曾书声琅琅，陆象山、危素、吴伯宗等大批先贤云涌雾列，凝聚成仰山书院的俊采星驰、厚积流光。蒲塘、东源、游垫等众多的古建筑群、古村落散布在青山绿水间，白墙、黛瓦、青石板……把你带入一个如诗如画的烟雨江南。

岐岭村后林组"思敬"门楼

辉煌的沧桑——金溪古村落群印象

一座座门楼、牌坊、宗祠，虽饱经沧桑但依旧遗韵飘香，美得极致，娓娓述说着这片家园的久远和美丽。心学文化、禅宗文化、赣商文化以及手摇狮子、藕丝糖等种类繁多、风格迥异、丰富多彩的非物质文化遗产与民间艺术一如生生不息、流淌千年的抚河，拂去历史烟云，沉淀着这方水土独特的文化记忆。

千年的文化积淀，为旖旎奇绝的山水融入了独特的人文因子，也将清雅俊逸、宁静淡泊的人文气象注入了秀谷大地，汇集成璀璨文明与深邃人文印记的低吟浅唱。

金溪"绿"，绿得秀美。 流翠溅玉、漫山碧透的翠云峰，碧水蓝天、胜似桃源的白马湖，粗犷原始、惊险神奇的天门岭……云林百峰奇峰突兀，峭壁耸立，林木葱郁，藤蔓披拂，烟雨幽谷，层林尽染，灵动妩媚，如梦似幻。每一处，都散布着山水奇景与人文胜迹；每一刻，都流淌着原生态人文之美的点点滴滴，让无数文人雅士、贩夫走卒倾倒赞叹，令王安石、汤显祖、徐霞客等贤士名流逗留歌咏。倘徉其间，

竹桥光影

4

金溪战役纪念碑

萦绕于心的是人与自然的和谐共融。

"集山水于一身，汇灵智于一体"。绵延千里的武夷山脉千峰竞秀，奔腾不息的抚河水碧波万顷。"云林三十六峰"高峰耸峭，谷壑清幽，雄奇而不失蕴藉，散淡而不显枯寂；翠云山不输匡庐，幽深畅旷，险奇俊秀，林壑烟岚，霁霞缥缈；天门岭绝壁夹峙，清溪长歌，悬瀑飞泻，古朴粗犷。白马湖波光潋滟，"极目疑无岸，扁舟去渺然"，泛舟湖上，流翠溅玉，鳞跃羽飞。散落在山水间的古建筑群落，如星坠寰宇，把一方原野装扮得如梦似幻；随意点缀于村头路旁的古木香樟，与老宅、炊烟、村妇、牧童一道，漫透着豁达的田园风情。山水之怡、林泉之致的诗意生活，在这里触手可及。

访山为友，每一座峰谷都空灵而诗意；抚水为歌，每一条溪流都是一种召唤。喧嚣远离，身心放飞，于碧水青山之间完美融合。

金溪"红"，红得豪迈。这是一片血性激昂的红色热土，1358平方公里的大地上曾经硝烟滚滚、炮声隆隆，中央苏区第四次反围剿先声战"金溪战役"在这里激烈打响。老一辈无产阶级革命家周恩来、朱德、彭德怀、王稼祥等在此指挥战斗，红一方面军3万多名红军将士在此浴血奋战；后龚祠堂、大仙岭战役遗址充分见证了中国工农红军一段红色历史……追忆烽火岁月，骄傲萦绕于人们的心中，光荣鲜

古村风采

黄通"白马寺"

辉煌的沧桑——金溪古村落群印象

活在共和国的史册。

金溪是革命老区和中央苏区县,是赣东革命根据地的重要组成部分。这里诞生了周建屏、卢春生等众多将领,许多老一辈无产阶级革命家曾在此浴血奋战,挥斥方遒。金溪战役纪念碑、八角岭战斗遗址、崇岭阻击战遗址及石门鸣山口战斗遗址等众多红色战斗遗址群,串以无数先烈用忠骨耸起的座座丰碑,让秀谷大地处处激昂回荡浩然正气。

漫步革命烈士陵园,瞻仰英雄先烈铜像,让你油然而生怀旧与崇敬;置身于这红色摇篮,你会情难自禁地追忆起那段激情燃烧的岁月,心灵也会随着那隐约在此起彼伏、轰响不绝的炮火而得到洗礼。

金溪"禅",禅得灵慧。"曹洞祖庭"疏山寺、"秀出东南"白马寺、"不减匡庐"翠云寺,香火绵延水门庙……静处于隐身喧嚣红尘的化外宗庙,那来自山林深处的鸟鸣,那祥和而厚重的晨钟暮鼓,碰撞出繁华落尽但见从容的释然。空气中弥漫着世外桃源的幽香，只一眼，便摆脱了尘世的庸扰，直抵心底的平和，一份宁静，几许安详。它离凡尘如此之近，却又恍若置身世外，抚平浮躁，平添淡然；它如此地贴近心灵，得造化眷顾，时时散发着古朴优雅，处处弥漫着闲适静谧。

金溪采茶剧剧照

庙宇耀华，空灵律动，恍若仙境，与自然山水和谐共融，平添无限神韵。这里传承着丰富独特的宗教文化，"千年古刹"疏山寺为唐朝皇家寺院，使"曹洞宗"一派发扬光大，并产生了一大批在佛教史上有重要地位的高僧；灵谷峰隐真观"禅道儒三教并存"，顿悟千年佛心、万般禅意与道法自然；白马寺、铜峰古寺、水门庙等大多依旧保留了古时风貌，而无数不曾为凡俗所知的前尘旧事，就藏进这年复一年的晨钟暮鼓里，敲撞出宁静安详和令人感动的沧桑。

这里是心的憩园。无须跋山涉水，便能让心灵放牧。把身心交与禅道，聆听梵铃清音，任一泓秋水，流淌心间，尘世的喧嚣、庸扰和躁动都已然离去。心，与天地同呼吸，悟道生命真谛。

千古金溪，一梦千年！

时光似乎没有改变这里，让她尘封了千百年的光阴，始终固守着那份古典质朴的容颜。雾霭烟岚，古宅旧祠，高墙巷弄，默然守候千年。千年的顾盼，寂静无声，纯净的气息荡去心头的喧嚣，所有的顾盼相思，化作江南的丝丝烟雨，零落成泥，碾作纷飞的尘土。

人生若只如初见。前世之梦，牵扯着脚步，召唤着一路寻觅，邂逅这命定之约。峻岭犹在，清波犹荡，褪去世俗的外衣，摒弃喧嚣与浮华，把心灵安放在这青山绿水间，返璞归真。没有了历史的震颤，只有万古湖山，凛然安守。

今夕何夕，梦栖金溪！

（撰稿：严柏华、郑小文）

古村风采

农、商、儒并重的农耕文明"标本"
——竹桥

"中国历史文化名村""中国传统村落"竹桥古村，隶属金溪县双塘镇，坐落县城北 10 公里。村前一溪如带，良田万顷；村后茂林修竹，鸟鸣树幽。

竹桥村始建于元末明初。俯瞰全村，形似一柄巨扇，现存 109 幢明清建筑，清一色的青砖灰瓦，蔚为大观：其中明代祠堂 1 幢，明代民居 8 幢，其余为清代建筑。全村有门楼三座：总门楼、中门楼与下门楼，串联起村落的纵深。村口总门楼前有"品"字形古井三口，用雕花石栏围成，寓意吃了这井水，不管是为人、为学、为商都要讲究品德。村内共有水塘七方，中间为一月塘，形成七星伴月之象。

辉煌的沧桑——金溪古村落群印象

俯瞰竹桥村

竹桥总门楼

古村风采

竹桥下门楼

竹桥"品字三井"之一

竹桥"拜石"字匾

竹桥"对云"石匾

辉煌的沧桑——金溪古村落群印象

　　竹桥村内保存的祠堂、庙宇、书院、店铺等众多古建筑，类型丰富、精致典雅，其中文林第、十家弄、八家弄三组建筑最具特色：青石板铺成的巷弄纵横交错，层次多变，迂回曲折。马头墙巍峨耸立，既有艺术观赏价值，又具防火防风的实用功能。门楣、屋檐、雨檐及屋内门柱、窗棂、柱磉（柱础）、坊头等多有雕绘装饰，令人叹为观止。

竹桥"十家弄"巷道

古村风采

　　明清之际，金溪是赣版书籍印刷中心，而竹桥人首开金溪雕版印书的先河，村中"养正山房"即为刻印古籍的遗存。

　　竹桥古村素雅朴实，古风浓郁，文化底蕴深厚，蕴涵了"临川文化"多种元素，是我国封建社会农、商、儒并重的农耕文明"标本"。

（撰稿：郑小文）

敬文重教族风盛　才俊辈出教授村
——东源

　　"中国历史文化名村"东源村隶属于金溪县琉璃乡，距县城29公里。古村人文气息浓厚，才俊辈出。自民国至今，"盛产"教授、博士、高级工程师等20余人，其中2人享受国务院特殊津贴，曾被中央媒体誉为"教授村"。

　　东源村有700多年历史，现有居住人口1100余人，均为曾姓，是"宗圣"曾子的一支嫡传后裔。全村设有东、西、南、北四门，除西门为不久前重建外，其余3门均建于清康熙庚辰年（1700）。加之各种里巷门（券），整体构成"城堡式"格局；硬山式屋顶、高高的马头墙、形制各异的风火墙和村口水塘，构成完整的消防系统；总门楼与围墙、水塘、排水沟、石质墙裙，构成完整的防御系统。

东源村远眺

高墙深巷的民居宅第

古村风采

"中议世第"官厅

"中议世第"梁架

辉煌的沧桑——金溪古村落群印象

村落纵深约200米,九条青石小巷从北门、西门成放射状直通南边主石街,使全村呈折扇状打开,形成九大古民居聚落群。每个聚落群屋宇相连、布局紧凑;其间有青石板与鹅卵石铺就的小巷相通,纵横有序。

"中议世第"内堂雕花阁楼

"隆平旧家"门楼

古村风采

　　村内现存各类明清建筑74栋，门楼、官厅、宗祠、宅第、庙宇、牌坊、桥梁等种类齐全，数量众多，建筑艺术、装饰工艺等水准极高。民居建筑中保存有不少出自古时名家之手的题匾，书法精美，底蕴深厚，具有极高的欣赏价值。

（撰稿：郑小文）

临川才子金溪书　书香一脉古韵悠
——浒湾

浒湾抚河古码头

　　中国历史文化名镇浒湾位于江西金溪西部,紧傍抚河,素有"江南重镇"之美称。镇内水陆交通便利,316国道穿境而过,距县城24公里,离抚州市23公里,其抚河码头运营货船可通赣江直达长江。

　　赣东名谚"临川才子金溪书"中的"金溪书",即指浒湾镇书铺街的木刻印书。这里曾为明清时期江西印书中心,刻版印刷业异常发达,书籍和木刻年画畅销全国。鼎盛时有书店堂号60余家,刻字和印书工匠逾千人,经史子集、戏曲话本、书法碑帖均能刻版刊行,史称"江西版""籍著中华"达三百余年。

车辙深深的书铺街古巷道

浒湾雕版印刷博物馆

雕版印书工具

古村风采

书铺街牌楼

辉煌的沧桑——金溪古村落群印象

　　这里是赣东数县粮食、纸张、木竹等主要商品的集散地，自古舟樯林立，商贾云集。随着木刻印书的兴起，铺栈、书店、作坊鳞次栉比。为便于藏书、搁版、印刷、售书，作坊、铺栈的建筑式样均为纵深式加厢楼、高瓴格式，发展形成江西独一无二、具有极高文化品位的前书铺街和后书铺街。

　　古镇现保存有堤下街等11个古民居聚落群。聚落内屋舍连片集中，青砖黛瓦，巍峨高耸；街巷首尾衔接，曲径相通；石板路洁净清爽，车辙深深。保存较好的古码头、古宅院、古庙宇等明清古建筑、手工作坊有900余栋，数量之多，规模之大，蔚为大观。

（撰稿：郑小文）

书铺街巷道

古村风采

印书、售书商铺内阁楼及天井

金溪民间神仙徐祥可故里
——蒲塘

蒲塘村隶属于金溪琉璃乡,是一个徐姓聚居的较大农耕村落,于后唐时期开基至今已逾千载,明朝时发展至鼎盛,号称"千烟之厦"。

蒲塘村历史文化底蕴丰厚,自古人才辈出,出过进士11人、举人19人,登仕籍者47人。村内"秀拔南城""芳传东海""荣台世望"等众多大宅门楣镌刻无不昭示着这里耕读传家的鼎盛文风。此外,出过抗倭立功的兵备使及文、武二解元,故素有"文武世家"之称。尤为奇特的是,这里还出了一位锄奸扬善、济困扶危的民间神仙——"困默真人"徐祥可,至今被村民供奉朝拜,流传着许多动人的传说。

辉煌的沧桑——金溪古村落群印象

蒲塘村门楼

蒲塘村"名荐天朝"牌坊

"名荐天朝"牌楼题款

古村风采

蒲塘古村风光

蒲塘水村山廓，东南北三面环山，西面大田畈一望无垠。村内街道巷弄均用青石板或鹅卵石铺就，纵横交错、井然有序。村内有塘 99 口，可谓"水塘之村"，最可观处为蒲池，池水清冽，波光潋滟。而最令世人称道的是极为罕见的精美牌坊"名荐天朝"，造型端正大方，用料均匀考究，雕工细腻浑厚，是金溪现存牌坊中记载

辉煌的沧桑——金溪古村落群印象

村中千年古罗汉松

明确年款最早的一座。

　　古村格局肌理犹存,保存有大量精美质朴的明清古建筑遗存。古道、古树、古塘、祠堂、旧宅、村庙等构成元素十分完整丰富,风貌古朴,秀美如画,堪称一方村落代表。

(撰稿：郑小文)

村内铜峰古庙

荒陬深处，一座精美堪比贵族庄园的古村——东岗

东岗古村坐落于金溪县合市镇。村北、东两面环山，南、西为田畈与小溪，形成背靠大青山、前临开阔地的格局。青山掩映村落，池塘倒映古屋，景色迷人，宁静安详。村后有奇石二方：其一形如牛，俗称"牛丹石"；另一状似鸟，俗称"瑞鸟石"。二石日夜守护这片乡土，为乡民纳福添祥。

古村傍山而建，呈"一横三纵"布局："一横"为村前鹅卵石铺就的总干道；"三纵"为三条青石板铺就的小巷。三条巷道均面临水塘，每个巷口都有巷门，体现着防火防盗的匠心设计。30余幢风格清逸的明清古宅集中分布于三条巷道两侧，坐北

村内"泰显祠"

古民居大门

朝南，排列严谨，错落有致。清一色的青砖黛瓦马头墙，三层垒高布满石雕的墙裙。整体建筑采用中国传统的中轴线左右对称形式，古构遗存精美异常。

其中，最具特色的为"大善堂"连体屋、"父子登科"旧居、大夫第：梁架宏大规整，天井开阔空荡，柱础纹样各式……通体古朴典雅、恢宏壮美，建筑与装饰工艺令人

民居内柱础上小猴石雕

古村风采

25

古民居代表性雕花墙裙

古民居门楣石雕局部

辉煌的沧桑——金溪古村落群印象

叹为观止。屋内檐楼、斗拱、梁坊、柱头、柱础、雀替、门楣、槅窗等无不形制考究；石雕、木雕、砖雕中的人物戏文、鱼虫花鸟、山水瑞云图案生动精美，构思别致，堪称金溪明清建筑、民居精品宝库。

东岗村自古文风昌盛，历史上共出过进士2人、举人7人，其中2人为武举人；明清两代，共有24人登仕。故而，该村在金溪又有"文武世家"之称。

（撰稿：郑小文）

明朝建筑博物馆——游垫

"侍郎坊"建筑群

古村风采

　　合市镇游垫村，一个从外面看似不起眼的村子，却是一个保存完整的明代村落。一座座虽不巍峨高大但却十分整齐的明代封墙屋，饱经风霜，默默矗立了数百年，静静诉说着曾经的辉煌。

　　在她东西走向的主干道路北面，从西到东排列着五座门楼，其上各有石匾分别刻着"进士第""侍郎坊""尚书府""方伯第"与"大夫第"。每座门楼后面均有一条垂直的石板巷弄向内延伸，形成"一横五纵"格局。主干道北侧，一个坐北朝南的精美明清古建筑序列，向着田野展开整齐的立面；主干道南面，分布着大小不等紧密相连的七口池塘，天光云影、水静草青。

　　游垫古建的平面布局具有一种简明的组织规律：以"间"为单位构成单座建筑，再以单座建筑组成庭院，进而以庭院为单元，组成各种形式的聚落群。重要建筑大都采用均衡对称式，借助于建筑群体的有机组合和烘托，使主体建筑显得格外宏伟壮丽。

27

节孝牌坊

"胡氏祠堂"建筑群

辉煌的沧桑——金溪古村落群印象

游垫古建造型极为优美，尤以屋顶造型最为突出，硬山顶与马头墙结合形成向上微翘的飞檐，既扩大了采光面，防风防火，又增添了建筑物飞动轻快的美感。砖雕、石雕、木雕等雕饰琳琅满目，动植物花纹、人物形象、戏剧场面及历史传说故事等品种繁多，

"胡氏祠堂"石刻字匾

"总宪第"概貌

"总宪第"门庭

古村风采

凡有图必有意，寓意必吉祥。

游垫村有7条保存完好百米以上青石板铺就的古街巷和72栋明清古建筑，被誉为"明朝建筑博物馆"，为本区域明代建筑树立了标杆。其原生态保存的宗祠、书院、官厅、牌坊、街巷、水塘、古井、民宅，大多都有明确的纪年可考。这种附有确凿纪年的民居建筑，在我国民间极为罕见。

（撰稿：郑小文）

王安石外祖吴氏后裔村——城湖

乌塘渺渺绿平堤，堤上行人各有携。

试问春风何处好？辛夷如雪柘冈西。

当年王安石这首《乌塘》里所描绘的柘冈景致，在金溪县陈坊积乡城湖村依旧存在。该村是曾经的江南望族——王安石外祖柘冈吴氏的后裔在城湖重建并极力营造王安石笔下所描绘的另一个"柘冈"。村前那口30多亩椭圆形的池塘，清波粼粼，杨柳依依，一如柘冈之乌塘。

城湖村坐落在金溪、东乡、临川三县交界处，地处偏僻。村前月形池塘一方，村周小山七座，古时称"七星抱月"。一条古朴的青石板路沿着池塘，延续至村中各个角落。村内有4座大门楼和5条石街古巷道，两旁排列着20余栋明清古建筑，

城湖村全貌

"英钟山水"古建现貌

古村风采

古民居群落

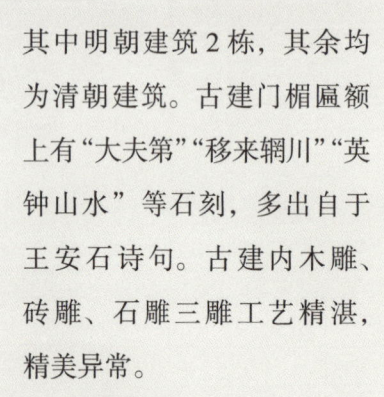

辉煌的沧桑——金溪古村落群印象

其中明朝建筑2栋，其余均为清朝建筑。古建门楣匾额上有"大夫第""移来辋川""英钟山水"等石刻，多出自于王安石诗句。古建内木雕、砖雕、石雕三雕工艺精湛，精美异常。

城湖村有族祠堂、会章

村中古井

村中祠堂门庭

公祠堂及高四公祠堂3座，保存有方形、圆形明清古井3口，井水清洌甘甜，至今仍在使用。村内外遍种有高大的辛夷树，绿影婆娑，春天花开季节，"辛夷如雪柘冈西"的美景应时呈现。

距城湖村仅十五六里的王安石外婆家旧址——柘冈，因修建水库已淹没难寻，但王安石诗文中记载的"罗家窠""烂米畲""天池""禅士庙""乌石冈""青龙泉""迎客亭"等10余处名胜古迹，至今尚有保留或可见遗迹。

（撰稿：郑小文）

明朝宰相蔡国用故里——靖思

村中连片古建筑群

"象把山关，狮守水口。"绝佳的风水、雍容的气度与非凡的气势，印证着这里是一个曾经出过大人物的地方！

三面环山，二水护田，风景秀美，山冈逶迤。左有涂岭三山为屏，右有鸣山峙立，另有凤凰山佐其侧；前有潭山竞秀，背有后龙山香炉峰靠依，四面皆山，形如城郭。山间云雾缥缈，烟岚笼罩，山色由乳白、烟绿，渐至褐黛、苍翠，极富纵深。涂岭湾溪港，汇流于前，芦河清江水，环绕于后，由东而西直折南下，合于狮子口，水深莫测，望之生畏；外有盱江之西流水。众河流交错汇集，宛若护城之河。更有狮、象两山把镇水口，形势险要，关山严谨，故有"象把山关，狮守水口"之说。

这就是明朝宰相蔡国用的故乡——靖思。

"重奂第"门庭

靖思地处金溪最南端，隶属于石门乡。该村始建于南宋，始祖为理学家蔡元定的裔孙蔡雪轩。明朝崇祯时出了宰相蔡国用，其发奋读书的故事，至今仍在村民口中流传不衰，激励着一代又一代乡民学子，使得该村数百年来文运昌盛，崇书尚读，儒风代起，出了许多大学生、博士生。

"重奂第"内堂构建

古村风采

"陇西世家"门庭石雕

民宅石墩

村子里古宅众多,典型的明代建筑11栋,镶嵌有石匾门楣的清代大屋有进士第、文林第、天官第、大夫第、牧佰第、重奂第等,庭院宽广幽深,极具藏龙卧虎、吐纳万象之恢宏气度;标举着文词雅美的"淇园""读易堂""世显文章""簪缨济美""西山毓秀""清华伟望"等匾额的深宅大院散布村中,给人古意森森、古风悠悠、古韵绵绵之感。

幽深曲折的青石小巷,气宇非凡的古屋老宅,大门紧闭的宗族祠堂,空荡荒芜的破旧书院,残败凋落的关口楼巷,废弃落寂的街坊店铺,商贾不再的泊船码头,无不显示这里历经几度兴废、饱经风雨烟尘。

靖思,一如潮水退却搁浅于抚河河滩的贝壳,动弹不得,无奈地栖着、躺着;又仿若曾经沧海、阅尽世事的老人,习惯了沉默,习惯了在怀旧中打发光阴,什么话也不愿说,什么话也不屑说,什么话也不必说……

(撰稿:郑小文)

一个或与皇室联姻的古村落
——旸田

大祠堂正堂中央并排悬挂着的三块古老正楷直书木匾"枢密府""仪同三司""姻联天派",无不昭示着这里昔日的辉煌与荣耀,而旧时金溪民谚"旸田千烟,孔坊八百,横源罗源对半拆",说的就是位于对桥镇的旸田村。

这是一个风格古朴、文化底蕴深厚的大古村。村落坐北朝南,东西展开,呈现绵延的线形,村前田畴开阔,村后山坡低矮,四周群丘环抱。村里聚居的邓氏远近闻名,历来为金溪望族,颇具宰相故里之大家风范。村民淳朴自然而热情大方,像是《桃花源记》中"不知秦汉,无论魏晋"之先民。

从"名高义社"门券进去,藏着一条曾经十分繁华的老街。老街背后的纵深,老房子虽留存不多,但剩下的都是精品。距今400多年的大夫第,为清代三省督粮道邓云台的宅第,分为三个基本院落,前后为厅,中间天井露天,房间向心内聚,

"枢密府""仪同三司""姻联天派"字匾

古村风采

"邓氏宗祠"内堂

院落依次为前门、书斋、大门、前厅、中厅和后厅。整座建筑组合严整，结构稳定刚健，极具清代建筑风格。

昜田村保留有许多古迹：道光二十九年（1849）建的古井，水质清澈见底，至今仍为村民生活提供水源；两座明清时期的宗族祠堂，遗存众多珍稀的木雕、石刻、字匾等；建于清代中后期的大型戏台，其独特的构造及与宗族祠堂相邻、并列建造的格局等，在江西古戏台建筑史上亦属罕见。

尤为值得一提的是规模宏大、庄严肃穆的大祠堂正堂中央并排悬挂的三块古老

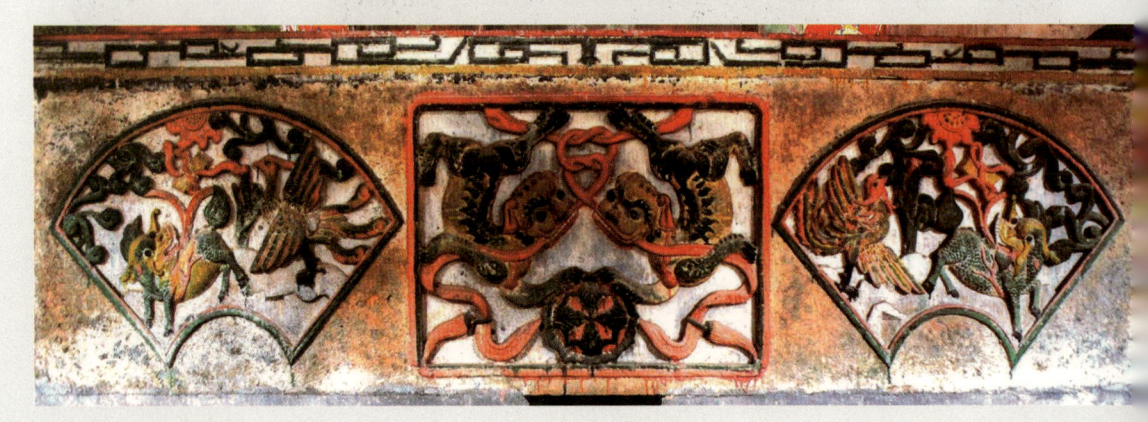

"邓氏宗祠"彩绘石雕

辉煌的沧桑——金溪古村落群印象

村内古宅

正楷直书木匾"枢密府""仪同三司""姻联天派"。"枢密府"是两宋时期总理全国军务的最高机关;"三司"是北宋前期的最高财政机构;"天派"则泛指皇亲国戚。三块牌匾的文字内容表明,村族中某位祖先曾在两宋时期官至枢密使,并与皇家结有姻缘关系。然而,由于旧时村族正谱只记男不记女,加之年代久远且无其他资料印证,故旸田村族中谁在哪个年代与皇室结有姻缘就不得而知了,成为一个难解之谜!

村古门楼

（撰稿：郑小文）

古村风采

鱼米之乡 人文璀璨——孔坊

孔坊是一个有着近八百年历史的古村。

这里山清水秀、民风淳朴、物华天宝、人杰地灵。她隶属于金溪何源镇,东北与贵溪上清镇和资溪县交界,南与黄通乡接壤,西北与对桥镇相邻,北连鹰潭龙虎山。境内四面环山,丘陵遍布,气候温和,雨水充沛,光照充足,物产丰饶,被誉为"鱼米之乡",以至民间有俗语云:"孔坊流活的水,窖熟的米,一年三届铁铁(音)四届戏,有女不嫁孔坊都有悔!"

孔坊村最古老的建筑是坐落在村子中部的总门楼,为代表江氏宗族的最早古建,建型精致,俭朴大方,门楼上书写"百禄是总"四字,其门联因年久露天侵蚀已不能辨认。

"百禄是总"门楼

京祠亦为最早的建筑之一，又名西边大祠，坐落在村西，始建于明洪武七年（1374），至今六百余年，是江氏四祠之二。祠堂为明清时三进五堂式，古青砖木结构，配有议事厅、库房、厨房等。厅内有柱子100余根，其中仿古抱柱7根。屋内各种横梁、穿枋、陪坊、假楼、石磉等均为精巧别致的雕刻，堪称建筑精品。

　　孔坊村中央尚有遗存不多的古街骑楼，为明清样式，多为古樟树及杉、杂木建成，样式精巧别致，美观大方，是旧时村民经商、郊游、防雨、防晒的良好建筑。村中古水渠为建村时所开，纵横交错，畅流通达全村，古时是村民饮水、浣洗、防火等重要水源，灌溉村外千亩粮田。

　　此外，有笔花第、文元第、都谏第、江琰大夫第、不知房进士第、翰林第、登科第等众多官宦类建筑；有香泉书院、紫竹书院、采山书院、梅峰书院、万年戏台等文教类建筑；有华祠、高祠、小祠、顺龙岗庙等宗祠类建筑。其中，登科第及其石门联为明末名盈科任处州同知所建，砖木结构，上下三堂，造型古朴雅致；外门有古刻石门联"门涌亭泉进，道遵桷榄平"，字形古朴、苍劲有力，尤为令人称道。

"顺龙岗庙"

古村风采

古宅外门庭

村内古祠堂

辉煌的沧桑——金溪古村落群印象

  这些古建老宅气势宏伟、美观大方、结构精致，镌刻着光耀门楣的荣光，漫透着浓郁的人文气息，浸润着一代代后人，使得人才辈出，学者名流、奇伟之士、能工巧匠不断涌现，在孔坊的历史长河中星光璀璨、熠熠生辉。

（撰稿：郑小文）

文天祥两次到访过的金溪古村——邓家

昔年曾寓此，今日又重过。

路迂人迹少，风静鸟声多。

断碣封苔藓，层松覆薜萝。

日斜天欲暮，谁与挽金戈？

这首表明诗人崇高民族气节和抗战决心的五律，出自南宋杰出的政治家、文学家、爱国诗人、民族英雄文天祥之笔，诗中描写的"此"，即是金溪县黄通乡邓家村的一座古庙宇"蟠龙庵"。文天祥曾两次在此逗留，到邓氏义社招募男丁，号召大家共同抵御外敌。

村中古道

古村风采

"忠义世家"牌坊

"新吴旧家"字匾

辉煌的沧桑——金溪古村落群印象

邓家村也被称为"小坪邓家",是一个历史悠久、文化底蕴深厚的古村落。全村坐北朝南,群山环抱,茂林修竹,风景秀丽,人家百户。村前原筑有3米围墙,设有三栋门楼(即上排门、中排门、下排门)出入,现仅剩中排门(即忠义牌坊)留存至今。一条鹅卵石铺砌的道路贯穿村中,为当时盐商通道,扼古代金溪至福建邵武、光泽通衢大道。村西南0.5公里处的小山上,即为著名古迹蟠龙庵。

邓氏素以忠义闻名,"忠""孝"二字写入邓氏家规。始祖清溪公扶危济困,"深得民心,民爱之如父母",朝廷御赐"东方善士"称号。第五代邓雱、邓需兄弟二人见贼寇四起致民不聊生,出资创立邓氏义社,聚子弟数百,结寨寒婆岭,抵御金

"忠义世家"字匾

兵,保卫乡邻。第七代邓槐接管后,"守祖风",招募男丁扩充义社,平贼寇保乡亲,屡获功勋,朝廷特赐镌刻"恩荣"二字的"忠义世家"牌坊一座,以表彰邓氏义举。

邓氏倡导的"忠孝为先"思想和义举深深地影响着后人,邓氏义社在保家卫国的同时,培养出了一批武将英雄,其中34人获"忠义"称号,在我国抵御金兵入侵史上,留下了浓墨重彩的一笔。并且邓氏族人重武而不轻文,13人考录进士,出过文官42人,以文人柔弱之躯在朝政仕途上造福一方百姓。

(撰稿:郑小文)

古村风采

古宅木柱雕刻

一座因水而兴、三村惇睦共处的大聚落
——彭家渡

古宅建筑群

这是个临水靠山而建的古村，一条河流横贯而过；这是个因水而兴的聚落，每天早上街市繁忙，店铺鳞次栉比，商品琳琅满目；这是个历史上远近闻名的货物集散地，渡船为其主要交通工具，因而得名——彭家渡。

彭家渡坐落在金溪城南约20公里，隶属左坊镇，是个风格古朴、民风淳厚的古聚落，由上彭、下彭和邬家三村混居组成，三村乡民惇睦相处，共护生息。由于彭姓人较多，又定居于此更早，故称彭家。

整个村庄依山傍水，一条芦河贯穿全村，河面宽阔且深，水流清澈，水势较急。村庄背靠茂林，杉、松、竹遍布，郁郁葱葱；空气纯净，鸟语花香，风光秀丽，景色迷人。隔河对岸散落着众多大小村庄，人们南来北往主要依靠摆渡船，渡口边建有供专业的撑渡工专用的屋舍。

村内古民居均为青砖灰瓦，结构布局合理，屋舍相连，相互贯通，有的大门对着前宅的耳门，可以一呼百应。村内巷道四通八达，曲径通幽，用石板或鹅卵石铺就。

辉煌的沧桑——金溪古村落群印象

静默的古屋

街巷内药铺、酒肆、杂货店、榨米粉房、犁头锅铁店等一应俱全，其"露水集"（早市）自古至今从未断过，热闹非凡，被称作"水马不离桥"之地。

彭家渡建村有800余年，历史悠久，文化底蕴深厚，历史名人辈出，出过众多的秀才进士，仅大学士就有数十人。不少名贤之士受到朝廷诰封，村内古色古香、精美壮观的石雕门楼、古旧宅院等足以印证其昔日的荣光。村内有义学2所、小型书院4所，昔时村中少年男女均可免费入学，琅琅书声传遍全村。

村内遗存有许多明清古建

门庭有吞口装饰的古屋

古村风采

"恩荣"大夫第

"端僚别墅"门庭

辉煌的沧桑——金溪古村落群印象

筑，保存较完好的有祠堂5座，"端僚别墅"1栋，"恩荣"大夫第2栋，八字形大拱石桥1座，"龙船殿"2处，小姐"绣花楼"2座，"仁昌花楼"1所，"公家""芸林秀望""秀古名家""碧溪映月"门楼4座。而资料记载的"玉皇阁""砥中阁"和"义忠阁"3座庙宇以及被誉为"金南芦"（资溪史称芦溪）三县"第一好"的邱家雕龙画凤大戏台等古建，均已在20世纪80年代初期被毁，令人为之扼腕叹息！

（撰稿：郑小文）

明代太医官龚居中故里——大柘

大柘村位于金溪县对桥镇，是一个风格古朴的古村落，始建于南宋末年，迄今约800年。因此地树木茂密、古树多且大、地面多处有卧地大石，而得此名。

入村口处有一座建于元代的古石拱桥，桥长5米宽4米，为青石单拱结构。据说，当时建此石拱桥是为了关住大柘村的财源，故村民对它爱护有加。在桥的两侧立有石碑，禁令任何人破坏此处的山、水、木等物。因此，虽经历数百年风雨侵袭，石桥依然坚固地默立村头，福佑这一方水土。

村中有上下联成一体的四栋古建筑，规格宏大，结构牢固，气势恢宏。由大石门进去为一总门，内分小门九个。此屋原属曾氏三兄弟。建房时为防止土匪入室，外围墙全用长1.5米宽0.6米厚10厘米的麻石砌成2.5米高后，再用砖块往上砌建。屋内天井中摆放有水缸、柜等盛水容具，亦是为少开大门外出，谨防土匪入内。天

古村风采

村口古桥

"寸阴斋"古宅

辉煌的沧桑——金溪古村落群印象

井上方建有防太阳照射的防护架，至今仍保存完好。

村内遗存有一口建于明代距今600多年的古井。古井设有井沿，井台和四周均为石板铺砌。井深4米有余，2米见方，可容纳几个人同时取水。井水清冽甘甜，久旱不涸。因形状类似传统的稻谷收割脱粒的"禾斛"，俗称"禾斛井"。据传此井为黄姓家族所造，故又称"黄家古井"。

荒废的古屋

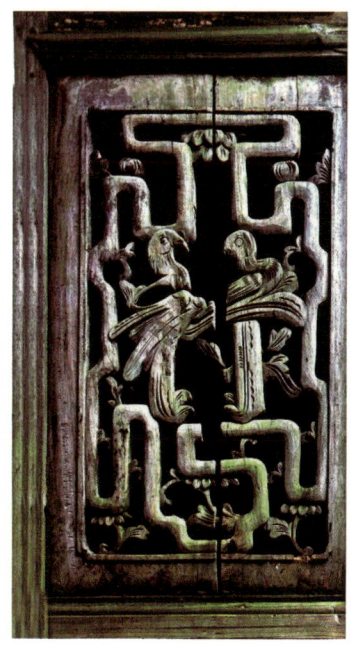

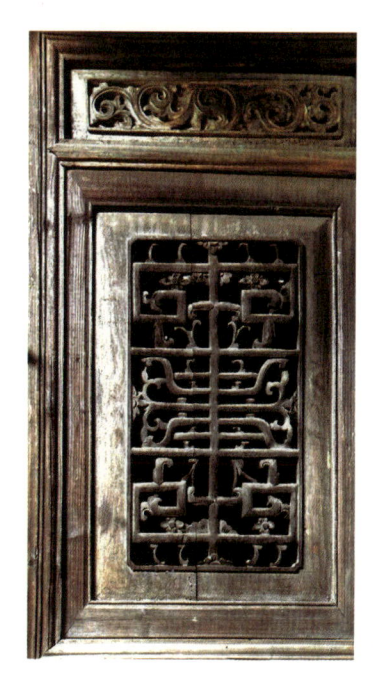

"福禄寿"木雕门扇

大柘村文化底蕴深厚，诞生了唐宪宗年间进士、官御史大夫黄省谕，明代晚期太医院医官龚居中等彪炳青史的人物。龚居中是江西省历史上十大名医之一，其毕生习医，精通医理，尤擅长治疗痨瘵（俗称肺痨），是中国医学史上杰出的痨瘵专家。其著作《红炉点雪》一书，重点论述痨瘵的诊治，为后人提供了宝贵的临床经验，对后世医学界贡献巨大。

（撰稿：郑小文）

取水勒痕累累的古井

古村风采

一个爽垲阳明的古村——大耿

　　大耿建村迄今约 900 年,原名耿阳,耿即明,基址爽垲阳明,故名耿阳。村西有桥,故又称耿桥。至清康乾盛世,耿桥村已有千余人,成为邑之望族,遂称大耿。

　　大耿村位于合市镇西南,居双陈河南岸小山下。村庄山环水绕,风水绝佳。综观全村,三源之水绕乎前,大港之水萦其后,南案朝冠峰,北屏麒麟岭,左卫右护翼然,山水清幽。村外阡陌相连,沟渠相接,良田千顷,碧野无垠;村内门巷整洁,房舍俨然,池榭波细,松篁荫浓。大耿先人的智慧、人与自然和谐融洽的关系令人羡慕与深思。

　　自宋建村以来,大耿房舍俱因地而建,高低错落,鳞次栉比,具有浓郁的地方风味。村居总体布局为"外形印字基,南北一里许,大祠定中心,东西为两翼"。古说为"丹凤展翅"形,以总门楼"义封门"、榜眼牌坊、"麟阁世家"祠为中轴,向东西两侧展开。村居坐北朝南,井然有序,一条石板大道横贯东西,六条直巷纵穿南北。村前莲池相接,村后林木葱茏,古村旧貌,历历在目。

"石麟毓秀"古宅外门庭

"麟阁世家"门庭

石雕石墩

古村风采

大耿村遗存有明代建筑10幢，其中祠堂2幢，官厅1幢，余皆民宅。其建筑特色为柱头用软磉或方石磉，桁条多方形，大梁粗犷，穿枋拱形，用料粗大，结构严实。清代建筑25幢，其特点为四周高墙耸立，不见瓦面，既可防火又可防风，人称风火墙、印斗墙。室内柱磉圆鼓形，门楣、窗棂、隔扇多雕绘装饰，正门常见翼角门檐，精雕细绘；板石墙基，油漆门柱。另有民国时期房屋8幢，用料细小，装饰简陋，充分体现其时代特色。

"鼎第里"门楼

辉煌的沧桑——金溪古村落群印象

木构古宅

古屋门庭石雕

古村风采

　　山明水秀的自然环境与绝佳风水，使得大耿村人才辈出。最著名的是明代天顺元年（1457）进士及第、殿试一甲第二名即俗称"榜眼"的徐琼。其在朝为官44年，历经三朝皇帝，加太子太保，敕建牌坊，给驿还乡荣归故里。其所撰对联："宋祖居冠，明祖居冠，虽地灵还须人杰；贫家教子，富家教子，有榜眼岂无状元？"寄深切期望于徐氏后人，至今激励着一代代大耿人，使得民风昂扬向上，奋发有为，守护着先祖荣誉，守望着属于他们的精神家园！

（撰稿：郑小文）

一座"好比金銮殿"的古村——印山

荒废的古屋

"黄坊是府，尚庄是县，印山好比金銮殿。"

这句金溪俗语，是对印山村古建筑保存之好、数量之多、质量之高的最真实写照。这座隶属于金溪县琉璃乡的古村，虽说已今非昔比，但仍可窥探出其昔日的荣光与风采。该村规模宏大，布局完整考究，街巷错综复杂，建筑恢宏精美，令人啧啧称赞。

村庄得名"印山"，是因为村前的山顶上有一块石头形似印章。这里曾是远近闻名的采石之乡，盛产石料，质硬色白堪雕刻，是上乘的建筑和雕刻材料，曾畅销江南数省，有"印山石"之美名。村内石板庭院、精刻匾额及有名的石屋，村外古老的采石场、古道上深深的车辙印，无不显示着这里石文化的精彩，见证着采石业的悠久传承。

印山村枕山面田，坐东朝西，东边、南面和西侧地势较高，可谓三面环山，基

古村风采

古巷道

"南州世第"门楼

民居古巷

辉煌的沧桑——金溪古村落群印象

址在峡谷坪地之间。村子南北长,东西短,整体状如牛胃。门坊、祠堂、庙宇、宅院、古道、古巷等功能要素齐全。村西一条南北向石板古巷贯穿全村,村东一条"L"形带状水泥乡道绕村而行,新旧两道间每三四十米旁生支巷,形成"两纵多横"格局。村中古宅大多随古巷而立,天井高墙,鳞次栉比,雄伟大气,舍得用石料,尤其是被誉为"花园屋"的古宅,石板墙裙高度超2.2米。

印山村布局规整。其特征可归纳为:"一条主线,二座大院,三个入口,四座门坊两个组团,五条巷道。""一条主线"为南北延伸的石板古巷;"两座大院"为徐澜仕商宅和"科甲世北"澹池公老宅;"三个入口"呼应自然、方向各异;"四座门坊"遍布主线、交相辉映;"五条巷道"为主干道与四条巷道。村内外道路弯转、张弛、开合有度,给人留下深刻印象。

"科甲联芳"门楼

　　村内最有名的建筑是徐澜仕大院。这幢宅第规模大，设置全，花园、配房甚至家庭厕所一应俱全，是座甚是了得的庄园府第，其最典型的建筑莫过于"奢侈的绣花楼"。村外的平山石场是"印山石"的采石场，石场的山脚下有一岩，名"神仙岩"，刻有"别一洞天"四个题字。山顶有座建于明末的石牌坊，南刻"水月天宫"，北刻"福庇群生"。

　　这座汉代高士徐孺子后裔定居的古村，文化底蕴深厚，自古人才辈出，历史上曾经出过4名进士、14名举人。尤为令世人称道的是明代徐鹏举一家四代出了三个进士、四个举人。村口徐氏大宗祠内那幅"祖孙进士，父子进士；兄弟同榜，叔侄同科"的对联，就是对其家族的赞誉。村内现存的深宅大院、"科甲联芳"北门坊、精美的旌表石刻，充分见证着该村往昔峥嵘岁月科举的辉煌与荣耀！

（撰稿：郑小文）

"翰林第"字匾

古村风采

"孝友传家"血缘纯正的单姓村
——全坊

　　全坊古村隶属于金溪县合市镇，是一个历经千载、风格古朴、父系血缘纯正的全姓古聚落，无其他杂姓混居。为保持全氏家族的纯正性，其先祖立下严厉家规，且千年来得到族人严格遵守，成为金溪极少见的血缘十分纯正的单姓村。

　　村庄依山而建，视野开阔，山青水绿：门前衡水流清，屋后乔松滴翠；东平犁铧带雨，西冈牧笛弄风；张家塘边鱼钓，夥田冈上樵歌；峻岭芳亭诗思，畈中藕塘活水。远眺诸峰，挺拔雄峙；近望田畴，阡陌交织；耕牛沃野，春种秋收……处处显露清静怡然的田园意韵。

　　全坊村布局十分合理。村正中为明代建筑，清以后建筑均围绕明代建筑向东、西、北三个方向延伸扩展，环村原建有3米高的围墙，设南门（总门）、东门、西门、

科第牌楼

村中古屋

古村风采

北门四门，村内所有建筑均坐北朝南，集中表现了我国南方传统村落规划选址、防火防盗及"枕山、环水、面屏"的古代风水理念，体现了"天人合一"的自然唯物史观。

　　村内保存有明清时期建筑77幢，清一色青砖灰瓦山字墙。巷道5条，石板或卵石铺就的原始风貌古道2条；东家弄和八家弄等民居建筑群组，装饰朴实素雅，古色古香；中宪第、大夫第等古建筑仅存大门门墙，给人无尽沧桑感；另有古祠堂3座、门楼5座、庙宇2座、书院3处、节孝牌坊1座、古桥1座、古井2口。这些公益

村中巷道

性建筑高大轩昂，质朴结实，风格殊异，古意盎然。

全坊人遵循"孝为百行之先"的处世原则，千百年来，每家以之启蒙教育孩子，使得"孝友传家"代代相传，内化为该村的文化精髓，孝子、孝女、孝妇代不乏人，从未发生过儿媳虐待老人之事。全坊人还乐善好施，条件允许，人人都愿有钱出钱、有力出力，为乡邻和他人提供方便，施予援助。只要哪里遭灾、哪家遇难，只要一声号令，全坊人必定捐钱捐物，踊跃参与。因乐善好施品德的传承，故村中高档大厦不多，现存古建风格不张扬，设施不奢华。

尤为令人称道的是：全坊人重儒不轻商，重男不轻女。这四五百号人的村子就有书院5所，男女儿童都能接受教育。村里族人中如果孩子读书缺钱，随便哪家都会及时给予帮助，鲜有孩子因无钱而辍学。此举使得村民崇书尚读，不少人走上仕途，有15人科举登仕，有7人著书立说，其中女诗人1名。他们当中，为官者有政绩，为将者有战功，为文者有声名。其事迹均载入史册，成为族人骄傲。

（撰稿：郑小文）

"贵和公祠"现貌

古村风采

古宅内堂

63

一个出现在《封神榜》中的美丽名字
——岐山

"凤鸣岐山而大周兴。"岐山,乃炎帝生息、周室肇基之地,是周文王封地与周文化发祥地。这似乎与"江西省历史文化名村"金溪县陈坊乡岐山村并无联系,但事实上是,岐山村吴氏远祖即是公元前11世纪陕西的一个"周部族"。商末时期,"周部族"首领"姬亶父"率族人沿渭水而下,居岐山南面的"周原",并制定国号"周"。岐山村吴氏正是以远祖周部落发迹之地"岐山"命名。

岐山村建于南宋中前期,迄今约850年。村子倚山临水,错落有致,如双龙一般盘踞于山坡之上,人称"双龙地"。其与南面四五里外的老族柘岗,遥遥相望,声气相连。村前大港(双陈河)淙淙流过,祥和温驯,给村子平添一股灵动之气;村背后龙山连绵逶迤,与会仙峰相接,松樟万棵,藏风聚气,形成一道秀丽的天然屏障。

村中保存有明清古建筑157幢,各式明清古民居青砖黛瓦,玲珑有致,错落有序的宅第之间构成一条条曲折蜿蜒的青石巷。巷陌幽深,苔痕斑驳,藤萝土墙,犹

辉煌的沧桑——金溪古村落群印象

村口古石桥

"忠信堂"古民居内雕梁画栋

如古朴的屏风。踯躅其间，不见一个人影，巷中古井波澜不惊，唯有天籁细细，令人远离都市的喧嚣，心灵感受到亘古的平和与肃穆、淡泊与宁静……

小宗祠、中宪第、大夫第和"为善最乐"明代宅第等古建筑随巷而建，相邻而立又相互联通，合围起来形成一个与山势浑然一体的封闭建筑群。数不胜数的正房、厢房、厨房、粮仓、柴间、天井、暗道、夹墙等藏身其中

"小宗祠"兽首石雕

古村风采

辉煌的沧桑——金溪古村落群印象

古屋外门庭

66

"大夫第"门庭

古屋大门石刻

　　隐而不露，排水系统、防火系统构造精心，还设置有独特的安全遁逸系统，是吴氏先民智慧的结晶，弥足珍贵。

　　小宗祠巍然屹立于村东头，揭示着聚族而居的吴氏子民敬祖收族的文化传统千年不改；昭示着村落文明、家族文明绵绵不绝千秋永续。岐山人"诗书乡里，孝友传家，贫不苟取，富不骄奢"，志行端方之士层出不穷。站立于村口石桥或大夫第雕花门楣前，看惯了云卷云舒，忙惯了春种夏收，生活既新鲜又重复。每年正月，后生们敲起锣鼓舞起龙灯，穿街串巷，驱邪迎福，祈求风调雨顺、国泰民安。这既是对传统的承续，又是与时流的融洽。岐山古村就在这份淡定、怡然中，延续着自己的血脉与历史。

（撰稿：郑小文）

古村风采

理学精华之故园——疏口

古村官道

疏口，即疏山（现为"疏山"）东边的口子。

这座建于北宋初期今为金溪县琅琚镇所辖的村子位于疏溪河北岸，是明代哲学家吴悌故里。站在疏山顶上看疏口村，形状就像一件巨大的佛家法器——拂尘：从村西门到增祠是一条长约 300 米、东西走向名、为"下边街"的直街，犹如拂帚之柄；其上边是高低错落、无规则的巷道，横斜直曲，穿插交错，形成一个基部半圆形、东北部火焰形的拂帚上部，故人称疏口为"拂帚宝地"。

村前一排水塘，村后青山密林；古木扶疏，林壑优美。村畔良田平阔，村南河水潆洄。登疏山而望：层峦叠嶂，列屏挺秀；抚河曲涧，澄练流清；疏山古刹，朗朗在目；村墟人烟，旷然大观；苍云玄雾，缥缈林泉；丹霞红旭，辉映村舍。青砖

古巷道

黛瓦，木雕石刻；青石街巷，马头墙屋……诗情画意，美不胜收，无不浸透着故园的亲切与馨香，处处体现着临川文化元素与宋明理学的流风遗韵。

疎口村保存较完整的明清建筑149栋，

爬满青藤的古屋

古村风采

69

"书山垂荫"门楼

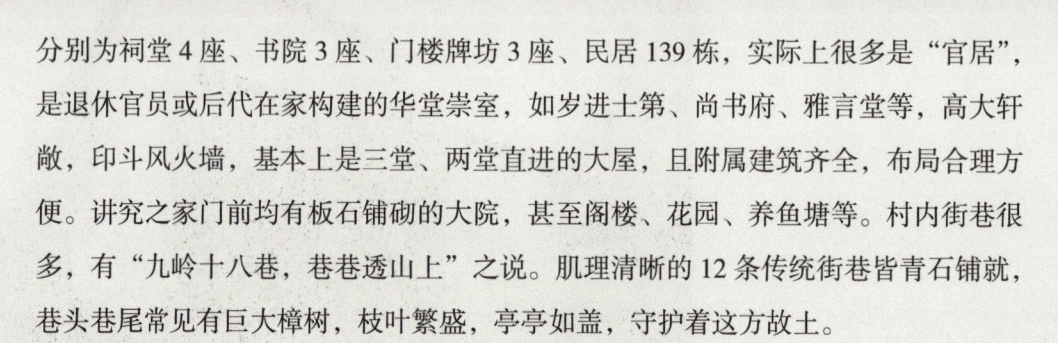

辉煌的沧桑——金溪古村落群印象

分别为祠堂4座、书院3座、门楼牌坊3座、民居139栋,实际上很多是"官居",是退休官员或后代在家构建的华堂崇室,如岁进士第、尚书府、雅言堂等,高大轩敞,印斗风火墙,基本上是三堂、两堂直进的大屋,且附属建筑齐全,布局合理方便。讲究之家门前均有板石铺砌的大院,甚至阁楼、花园、养鱼塘等。村内街巷很多,有"九岭十八巷,巷巷透山上"之说。肌理清晰的12条传统街巷皆青石铺就,巷头巷尾常见有巨大樟树,枝叶繁盛,亭亭如盖,守护着这方故土。

疏口本应是散落凡尘的佛家法器,但其旨趣不在佛而在儒,是一个当之无愧的理学名村。理学亦称"道学",是后人对宋、明儒家哲学思想的总称,而金溪素有"理

节孝牌坊

"大夫第"字匾

学名区"之称。这个以传统儒家理学立村之地，元代吴会、明代吴悌（号疎山）均为金溪著名的"学继象山""理学醇儒"的理学泰斗，与陆象山先生齐高，得到临川文化普遍肯定，其对后世的影响不言而喻。

建村至明代，疎口便成一个恢宏大族，科甲鼎盛，人才辈出。其为官者位至权臣，蔚为魁杰；为学者著书立说，卓荦不羁；领兵者忠君报国，万死不辞；经商者恪守道德，富贵不淫……他们一个个特立独行，高标醒世，丰富了金溪历史人物画廊，增添了临川文化底蕴。

（撰稿：郑小文）

灵谷峰下　人文蔚起——黄坊

"灵谷峰"牌坊

辉煌的沧桑——金溪古村落群印象

　　黄坊村，又名举林村，坐落在金溪县浒湾镇西北面、赣东名山灵谷峰的东南麓。黄坊的"黄"，在赣地方言中，读音混同于"王"，故而金溪人一直呼黄坊为"王坊"，至今犹是。

　　黄坊村始建于北宋中期嘉祐丙申年（1056），迄今近千年。这是一个杂姓大村，共有金、车、黄等32个姓氏入驻该村生根、繁衍。在建筑规模与分布方面，古时素有"如州府规模"之称：护村河、关隘、城墙、街道、商铺、药房、学堂、医院、牢狱等一应俱全。因而至今仍流传民谚："黄坊如府，尚庄胜县，印山赛似金銮殿。"

　　村盘地形呈西北高东南低的筲箕形，具有南方古建布局的共性：背山面水，避风向阳。黄坊村建筑规划统一，村内里巷以宗族支派为单位区分，并以巷道通联，散而不乱。支房亲族呈同心圆形发展，鳞次栉比又各有区分。各姓村民历来和睦共处，从未发生过宗族排外、宗族纷争和宗族械斗，这在中国农村封建历史中尤为少

古村石板巷道

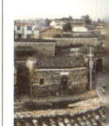

见。为了安全防御，在村郭围起寨墙，设有名称沿用至今的"行嫁关""举林关""千秋关"等13个关隘。只要将13座门楼锁紧关固，连乱世土匪盗贼都无一得以入村。故而昔时有"举林十三关，关关人饯难"之说。

车大宗祠

古村风采

"黄岩别墅"概貌

古村古屋

村中明清古建比比皆是，完好地保存有8条百米以上的青石板铺就的古街巷和程关、瓦子岭、下关等6大古民居聚落群。保存有"黄岩别墅"等气势宏大的明清古建筑319栋，其中，清代早期与明代建筑76栋。而最令黄坊车姓族人引以为豪的当属保存完好的"车大宗祠"：五开间的门脸、宏大开敞的空间、粗硕规整的梁架、古朴的构架与柱础，昭示着这幢明代建筑的风格气韵。无怪乎这里曾是抗战时期全国著名的以祖籍金溪黄坊的民国风云人物何应钦命名的金溪县最高学府"应钦中学"的办学地。村中尚存五大代表性古代书院：重庵讲堂、车经元书院、扛梁书院（倦

村内水塘护栏

"南平世家"古宅

游书屋）、瑞芳书院（不窥园书院）和日映云连书院。

　　黄坊村有着千百年来宗法社会小农经济留下的烙痕与共性，又因其自身发展过程中突显的名人及其际遇轨迹形成其独特个性。其古聚落从明代——清早期——清中——清晚——民国，每个聚落群的年代特征非常分明，且古建保护完整。在"文化大革命"的"破四旧"时期，其精美的古建筑三雕艺术都曾被泥巴、石灰覆盖过，但它们都完整保存下来了，没有受到任何创伤，这在全省实属罕见！

（撰稿：郑小文）

古村风采

金溪战役指挥中枢——后龚

这是一片血性激昂的红色热土！老一辈无产阶级革命家周恩来、朱德、彭德怀、王稼祥等曾经在此指挥战斗、挥斥方遒，令古村处处激荡浩然正气；这里是粉碎国民党第四次"围剿"先声战——金溪战役的指挥中枢，静默端立的后龚祠堂，充分见证了中国工农红军那一段光辉的红色岁月……

后龚古村位于金溪县左坊镇，西临206国道，越过东面的七宝峰可进入资溪县境内，北南两面为低矮丘陵。据《龚氏族谱》载，该村始祖于南宋淳祐四年（1244）由龚坊（今属资溪县）迁来定居建村。村周翠竹环抱，风景秀丽，古建百处，散布四野，民风淳朴，生生不息，是个典型的南方传统古村落。村内有人工开挖的水塘四处，一条溪流和一条农业灌溉渠道流经村内。

"龚氏宗祠"门庭

红一方面军司令部旧址

1933年元旦，为争取第四次反"围剿"的胜利，巩固和扩大中央根据地，朱德总司令率中央红一方面军红一、三、五军团共计3万余人，从黎川、资溪等地出发进入金溪。2日，司令部设在后龚村龚氏祠堂，指挥金溪战役。金溪战役是红军第四次反"围剿"的先声战，对争取第四次反"围剿"的胜利起了决定性作用。农历除夕，朱德率部离开，前后历时28天。

红一方面军总部系列旧址有周恩来旧居、朱德旧居、王稼祥旧居、司令部旧址、政治部旧址、印刷厂旧址、储藏室旧址、杂物室、炊事场、

红军养病房

古村风采

周恩来旧居

红军洞、红军井、后龚村警卫连旧址、教导团旧址、卫生部旧址、王家仓下警卫连旧址、通讯连旧址和无线电队旧址等,整体保存完好。

　　曾经的滚滚硝烟、隆隆炮声已经散去,默然伫立的红色战斗遗址,深深铭刻着那段红色历史。漫步后龚古村,让你油然而生怀旧与崇敬,心灵随着那隐约起伏、轰响不绝的炮火而得到洗礼。追忆烽火岁月,骄傲萦绕于人民心中,荣光镌刻在共和国史册!

（撰稿：郑小文）

红军井

前龚组旧民居兽头吞口

古村风采

防御性强且格局鲜明的古堡村
——北坑

　　北坑，一座秩序严明的村落，一座被外围连绵的建筑包裹着的村落，高墙夹峙，石板曲折，空荡寂寥，古堡一样把光阴故事封闭起来。

　　北坑隶属于金溪县琉璃乡，为谢氏古村落，又名北溪村。村落始建于宋代，历经数百年发展，到明清时期已形成完整的聚落格局。村落基址在山脚坪地，坐西南朝东北，背靠后山，整体形态呈长方形。村内目前保存有大量的传统风貌建筑，且成片集中保存，尚未有现代建筑掺杂其间。街巷肌理保存完整，因建筑布置而随机布局，呈不规则状，风貌保持良好。巷道由石板铺砌，宽度约1米，排水沟多沿道路设置。

"南邦伟望"牌楼

古村风采

村内池塘

古村静静伫立的石柱

　　北坑古村聚落整体格局可概括为：一个完整界面、一条轴线、三座重要建筑、四口水塘。

　　一个完整界面：村子的东侧面为一个完整的对内界面，沿公路展开，墙体连绵，为村落的主立面，仅开小窗洞，除总门楼外，别无开口，整体对外呈封闭形态。入口总门楼为东界面的中心点，总门楼北侧，建筑整体朝向村落内部，建筑后檐山墙对外，墙面上开长方形小窗。总门楼南侧朝东的公祠由于是公共建筑，整体朝向对外。

　　一条轴线：村落内入口总门楼、村中心水塘和村落正后方面积较大的水塘大致在一条直线上，为村落的轴线，整个聚落布局形态以此轴线对称。

　　三座重要建筑：一是入口总门楼，是整个村落的主要出入口，是村落的重要空间节点。二是总门楼南侧的祠堂"叔三公祠"，整体朝向村外，保存完好。三是村

村内古宅群

落西南角的"三省斋",格局如书院,其左前侧有一建筑做过学生宿舍,内部构架一柱多梁,结构奇特,为金溪古民居仅见。

四口水塘:一处是总门楼前的水塘,另外三处水塘分别在村落中心部位、"三省斋"前和村落的正后方,正好将村落民居分为三个组团。民居以水塘为中心展开,整体具有向心性。总门楼前水塘形状不规则,面积较小,为村落入口的标志。

北坑村聚落布局给人的第一印象就是具有很强而鲜明的防御性:一是设门作关卡。原先在村子的各个界面都设有门,把所有的门关闭,其他人就无法进入村子内部。最明显的是东界面的总门楼,将总门楼关闭,从这个方位进入的通道就被切断。二是村落内部是典型的高宅深巷。建筑以二层居多,每栋建筑都表现出封闭性较强的气质。

(撰稿:郑小文)

抚河江畔一遗珠——石门

"大夫第"门庭

> 残雪疏山发暝烟，卷帆春度石门前。
> 空宵为梦罗夫子，明月姑峰一线天。
>
> 小住袈裟白云地，更过石门文字禅。
> 平远空高一回首，清浅麻姑谁泊船。

这是我国明代著名戏剧家、文学家汤显祖的诗作《己亥发春送达公访白云、石门，过旴吊明德夫子二首》，诗中描绘的石门即是如今的金溪县石门乡石门村。

石门村坐落在金溪县西南部，濒临抚河，与临川青泥镇隔河相望，古时水运发达，上达南城、南丰、广昌，下通浒湾、抚州、南昌。这里水势平缓，便于航船；四乡物阜，利于货殖。数百年来，石门一直是金溪南部粮食、纸张、柑橘、木竹等物资的主要集散地和商业中心。金溪南部米谷多由石门聚集运出，抚河上游及资溪县的芦河运

"秀挹溪南"门楣

"大夫第"题额

出的木竹多在石门停靠再转至浒湾汇集外卖；从外地购进的商品也从石门运往金溪南部各乡。

一年四季，热闹无比的码头、渡口上商贾云集，宽阔的抚河波光粼粼，水鸟翔集，一艘艘帆船或逆流而上，或逐流而下，使这条千年水道如此的繁忙，富有生机。"路绕长河远近村，迤逦踏遍白沙痕。剑琴百里趋金水，烟火千家拥石门。"其何等富庶繁华？自不待言！直至20世纪60年代初，抚河断航，其码头和渡口亦随之消失。

石门村最早因建村于石台山旁而得名石台，约于明代中期改称石门。村子地形北高南低，布局合理，四周青山碧水，视野开阔，风景秀丽，山川形胜加之气候温

古村风采

"学海传声"字匾

和，物茂粮丰，处处漫透着清静欢怡的田园意韵。彼时，得益于水路交通畅通之便，河畔设有河运码头，加之景色优美，村内又有名刹古寺，吸引无数乘船旅客和过往行人来此观光游玩。于是，当地村民开始建设店铺，亦农亦商，农商并重。

整个村落呈"二横四纵"布局。"二横"为村南板石铺就的老街和村北混凝土铺设的新街。老街宽约3米，长600余米，青石板路面，车辙如沟，可以想见昔日商贸盛况。老街一侧为规格统一的排水沟，两旁商铺林立，且大多为前店后宅或前店后坊。保存较好的有酒坊、钱庄、染坊、打铁铺、木工坊、刨烟坊、金银店、布店、邮差、旅店等古商铺30余家，均为砖木结构，质朴实用不奢华。农历每逢三、六、九当圩，四邻八乡包括临川区的农民云集石门，肩摩毂击，道路为塞，从上午八时热闹到下午一二时，直到新街建成后才风光不再。

"四纵"为通往新、老街的4条青石板铺就的小巷。由西往东分别称永安巷、肖家巷、土地巷、八字门楼巷。小巷长度不一，宽1米有余，下雨天行走绝不染泥。30多幢保存完好的明清时期建造的民居集中分布在4条巷道两侧，排列严谨，错落有致，为清一色的青砖黛瓦马头墙，风格清逸。建筑物中的梁柱、门窗多有雕刻，墙裙多为二三层高的大板石。整体建筑采用中国传统的中轴线左右对称的形式，通体古朴典雅，建筑和装饰工艺令人赞叹。

村中保存下来的还有各具风貌的张氏宗祠、熊氏良四公祠和胜元公祠、肖氏祠堂、熊氏义塾、两座古桥、四口古井等明清和民国时期的公共建筑。据载，旧时还有石门古寺、汛兵营房、瞭望台、古码头、中台庵、万年台等古遗址，可惜已湮没在历史的长河中，荡然无存。

曲折幽深的青板石街，静默伫立的古屋老宅，大门紧闭的宗族祠堂，落寞荒废的街坊店铺，商贾不再的泊船码头……石门，历经沧桑兴废，饱经风雨烟尘，如潮水退却后搁浅于抚河沙滩的贝壳，无奈地躺栖着、怅惘着、被遗忘着，沉淀在岁月的河床里……

（撰稿：郑小文）

象山故里　心学之乡——陆坊

　　大儒家庙气宇非凡，义里牌楼傲然矗立；同居十世儒门第，六相三贤理学家。这，就是南宋著名的教育家、哲学家陆九渊（象山）先生的故乡——金溪县陆坊乡陆坊村。

　　陆坊村地处陆坊乡政府所在地，国道206线沿村而过，地理位置优越，其桥上村一带即著名的"青田义里"，是陆氏家族衍居地。陆坊村人文历史悠久，自然风光秀丽。湖光山色，古木掩映，炊烟袅袅，鸣啼声声。村口树有一面"百世大儒"大牌坊，村旁一条青田港蜿蜒流过，一座古朴青色厚石铺砌的石梁平桥静卧其上，据传是陆氏后裔每日劳作回家途中必经之地。村民于此港浣衣洗菜，汲水灌溉农田。

　　村庄规模较大，整体坐北朝南，基址为田间岗地，前后设有水塘。水面碧绿，疏影倒映。村里老屋连片，石板街巷纵横交错。虽历经岁月磨砺，村中古建筑与古遗迹却大多保存完好。一座清代时期建造的宗族门楼建筑"义门"，最为显耀，十分引人注目。门楼为砖木结构，分为三层，上贴有一副当年遗留下来的对联："同

象山文化产业园牌坊

古村风采

"宋陆儒门"牌楼

居十世儒门第,六相三贤理学家";横批"宋陆儒门"。虽然每年过年时都会新桃换旧符,可对联上的文字却历经几百年从未曾改变。

村中另屹立着一座陆氏祠堂,祠堂的正中央挂有宋朝书法家宋濂题写的"骊珠世家"牌匾,以彰扬陆氏治家有方。在祠堂后院,有座依傍农田的古井,井水清冽,造型别致,外方内方,形成一个"回"字,由巨石凿成四方井圈,四根石柱直插井底,四周再镶以石板,构成井筒,虽历千年而不坏。井底成八卦状,因陆氏敕旌义门,故称"八卦义井"。

村中还有一段由两排古式农宅构成的古幽小巷——同居巷。由于陆氏几代同堂,其居所就建在巷后,故而得名。陆氏家族因十世同堂二百年不分家不分灶而名震大江南北,成为以"孝"治家的典型,受到皇帝下诏旌表,至今传为佳话。在这样的家族礼教和精神熏陶下,陆氏兄弟一门皆贤,成为南宋理坛有名的"金溪三陆"(即陆九韶、陆九龄、陆九渊三兄弟)。

在村落格局和形态方面,建筑布局紧凑性、整体形态几何性、空间序列的明晰

金溪象山公园陆九渊雕像

性都很高，街巷空间丰富性和外围边界的封闭性较弱。门楼背后巷弄井然，南北纵深很长，一路延伸近200米。道路两旁分布的房屋，比较整齐划一，几乎都是平行的排列，十分符合儒家的严谨礼制，但确乎也少了些空间的变化和趣味。

八卦义井

古村风采

陆九渊（1139-1193），字子静，号象山，世称存斋先生、象山先生、陆象山。在"金溪三陆"中最负盛名，与当时著名的理学家朱熹齐名，史称"朱陆"，是宋明两代主观唯心主义——"心学"

村中古建群

辉煌的沧桑——金溪古村落群印象

陆九渊纪念馆

的开山祖，堪称世界级学术大师，被后人尊称为"陆子"。他提出的"心即理"哲学命题，断言天理、人理、物理只在吾心中，心是唯一实在："宇宙是吾心，吾心便是宇宙"。明代王阳明发展其学说，成为中国哲学史上著名的"陆王学派"，对近代中国理学产生深远影响，其思想和业绩是中华民族丰厚而宝贵的文化遗产。

（撰稿：郑小文）

大山深处的绿色古村——符竹

符竹村位于金溪县秀谷镇东部，是该镇唯一一个称得上山里的古村。因建村于大片竹林之中而得名"富竹"，后被略写为"符竹"。该村耕地少而山林多，山林达1.6万亩，村民亦林亦农，以林为主，主产毛竹、杉木、杂树，特产苦槠粉、干笋、香菇等。

远眺符竹，村庄被后龙山、狮子山、象山等众山环绕，一山连着一山，逶迤不断，峰峦秀逸。山间云雾缥缈，碧绿苍翠，风景秀丽，气度不凡，堪称钟灵毓秀之地，是生态环境极佳的绿色古村。近看符竹，村前两股溪水，澄碧清莹，穿村而过，与村西小溪汇聚，最后流入毗邻的马街水库。

村子依山而建，呈上中下三层式布局。村东一条大道通往县城，另有两条古道通往黄通大村和资溪县，地面多为鹅卵石铺就。村中间设一总门，门额上题写着"世外桃园"四字，两边对联曰："桃花影落飞行剑，碧海潮生接玉箫"。

村里房屋大致坐东北朝西南，排列严谨，错落有致，多为清一色的青砖黛瓦马头墙或印字墙，有几栋为官帽墙，风格清逸。建筑物中的梁柱、门窗多有雕刻，整体建筑采用中国传统的中轴线左右对称的形式。遗留最大且保存完好的古建筑是戴氏"八字门"大屋，其建筑和装饰工艺甚是精致，具有较高的历史和文化价值。

其他民居多为一堂半，即上为一堂下为半堂，中设一天井，可使四水合一，起

群山环抱的山村

古村风采

竹篾子

着采光、通风、聚集和排除雨水等作用。老宅古朴安静，空气清新，冬暖夏凉，舒适宜居。此外，村中还保存有独具风貌的戴氏祠堂、印字屋、官帽屋、上海知青屋、古井、古桥等清代和民国时期的公共建筑，另有云峰寺和华荣殿两栋古寺、一座古戏台的遗址。

大山对符竹人的馈赠是丰厚的，毛竹是他们的"绿色银行"，家家户户都有一

辉煌的沧桑——金溪古村落群印象

白马湖风光旖旎

翠竹林

　　本"绿色存折",每家每户都有一块自主经营的毛竹林。村中随处可见利用毛竹制作的谷箩、晒垫、竹筐、簸箕等农具以及竹椅、竹床、竹席、竹篮、甑盖等生活用具,古朴雅致,结实耐用。而满山生长的苦槠树也是村民的"摇钱树"。

　　坐落在该村西北的古树群,系戴氏先人迁入符竹后,为防西北风沙而植。名贵古木有樟树、桂皮树、普洱茶树、枫香、水杉、红豆杉、株树、拷树、栎树、檀树、

古村风采

山泉瀑布

参天古木

栲木等。树龄有的三四百年，高大参天，虬枝遒劲，郁郁葱葱，浓荫蔽日，令人深感时光久远。

符竹村规模不大，却有危、刘、戴三个主姓和李、苏、王等四五个次姓，彰显着山里人毫不排外的广阔胸襟。危姓是该村的开基姓，迁来该村迄今已有700余年的历史。各姓村民历经数百年的共同开发建设，早已成为亲密无间的兄弟，加上十多代的相互联姻，亲上加亲。他们恪守睦宗亲和乡邻、督学戒骄、勤务本业、怜孤恤贫的族规家训，世代合居，惇睦相处之风相沿至今。

（撰稿：郑小文）

辉煌的沧桑——金溪古村落群印象

民风淳朴　文风璀耀——下李

　　下李村隶属于金溪县陆坊乡，始建于南唐，历时已逾千年。村东是信江水系冲击性平原——霞峰大坂，良田万亩；村西靠霞峰岭和高坊河（又名"青田水"），依山傍水，风景秀丽；村中屋舍俨然，有古祠堂、古书院、古宅第、古官厅78幢，构成一个集中连片的明清古建筑群。

　　下李村规模中等，整体坐西朝东，基址为滨水岗地，南北长约380米，东西长约200米。分成北、中、南三个组团，南北向主要道路穿插其中。组团内街巷多狭长通幽、宽窄不一、蜿蜒曲折、纵横交错，明清古建筑布局并列成群。村中古道旁

连片古屋群

"恩荣—李氏祠堂"门庭

有流动的水渠，辅之以水塘，形成完整的村落布局，建筑布局紧凑。但在整体形态几何性、外围边界封闭性和主体建筑中心性方面，则不是很强。

这里自古至今民风淳朴，学风醇厚，人才辈出。据载，共出过进士2名，大夫6名，太学生16名，担任州县官职8人，赐封儒林郎、登仕郎15名。清朝同治、光绪年间，该村还出现学习西方法学热，共有4人到北京法政专门学校、江西法政专门

"李氏祠堂"内木雕

"大夫第"庭院

学校读书,均获得部准第一次试用法官资格,其中一人进入江西全省自治研究所工作。

下李村有保存完好的各类型明清古建筑,如宗祠、书院、进士府、官厅、民居等。其中三堂直进的进士府、门楼气派的"丽江赞府"、庄严肃穆的四座李氏宗祠、古桂飘香的书院、李氏大祠内的戏台,建筑特色鲜明,精美大气。

村中名人宅第风格各异,多以先人功名官职命名,如大夫第、儒林第、州司马府等。

古屋圆门

古村风采

古戏台

凡官吏者，都设有宽敞的官厅，尽显官场气派；凡文人学士，都注重书房建设，雕刻花卉草木，以示文人清高。丽江赞府、校官别墅等，均建有一排马厩，当年武将南征北战、烈马嘶鸣之雄风犹存。公共设施普惠村民，除古书院、古排水设施、古巷道外，还有古井、古池塘，给世代族人生产、生活带来方便与安全。

尤为值得一提的是，下李村的传统建筑多是纪年性建筑，留下了大量丰富而重要的历史文化元素及文字信息，为研究古代，尤其是南方地区村落传统建筑提供了珍贵的实物资料。

（撰稿：郑小文）

后周孟皇后凤辇驻停之地——后车

"后车一过开名里，宗谱千年系显人。"

后车，即皇后车舆。据《金紫后车何氏族谱》载：公元960年，北宋建立，后周孟皇后南迁途经该地，驻车于此。随行臣子屯田员外郎何辉（祖籍福建邵武）遂建村定居该地，成为该村何氏始祖。为纪念孟后驻车，遂将村名取为"后车"，且地名一直沿用至今。北宋时曾于此地设立驿站，至明代时废。

后车古村位于金溪县左坊镇南部，距县城20公里，是金溪县与南城县的交界处和通往福建的必经之地。自建村千年以来，民风淳朴惇睦，村民亦耕亦读，孝义

古村风采

"后车世家"门庭

后车古桥

辉煌的沧桑——金溪古村落群印象

为先,尊师重教,诗书传家,因此人才辈出,文化底蕴深厚,有"溪南名里"之称。明清时期,共有10人考中举人,其中3人还高中进士。

　　后车是一个典型的南方传统古村落。村子规模中等,坐西向东,基址为滨水岗地。建成区面积南北300米,东西210米,排水沟贯穿整个居民区,聚落图形饱满方正,完整度较高。一条河流傍村而过,有两座古石桥,明清古建筑群集中于石桥西岸。南北沿河形成开敞古村主街道,长约500米,连接东西走向的巷道有9条,纵深100多米,建筑林立,形成幽深空间,饶有对比,丰富度高。建筑布局紧凑,街巷肌理清楚,外界面完整连续。

　　112栋保存较好的明清古建筑错落有致地分布在这些街巷中,其中,明代建筑约20处。典型的古建筑有后车大祠、材伯公祠、式六公祠、官厅和古民居等。古建造型典雅,风格独特,屋内外的木雕、石雕、砖雕工艺十分精湛。古建中还有众多

"材伯公祠"概貌

"材伯公祠"内堂神龛

古村风采

古人题匾，尤为引人注目的是三幅石刻楹联："祖德更宗功彝鼎千秋并峙，龙文兼豹蔚冠裳百代联辉"；"甲第宏开此间山水清奇最爱碧涧澄秋郭峰峙翠，敝庐斯在一段情怀淡雅且学南塘种竹东阁吟诗"；"后车一过开名里，宗谱千年系显人"。后车大祠落款为"长洲文震孟（明万历状元）"的门楣隶书"后车世家"，四个大字气势磅礴，是金溪县内最具影响力的建筑题刻之一。

后车村建筑类型多样，庙宇、桥梁、官厅、门坊、宗祠、门楼、民宅、水井等

"冬官第"及门前巷道

各元素齐全,时间跨度大,数量多,保存完好,建筑精美度高,在江西地区少见,对研究古代建筑思想理念具有重要意义,是研究我国古代尤其是南方地区古代建筑极为珍贵的实物资料。其聚落构成、建筑形制、价值观念、生活习俗上集中体现了地域性,展现了独特的地方风格,创造出鲜明的地方色彩,具有很高的艺术、科学与文化价值。

(撰稿:郑小文)

"医林状元"龚廷贤故里——霞溆龚家

　　这里是明代著名医学家、位居宫廷御医之首的太医官龚廷贤的故乡；这里走出了东京帝国大学矿山学科毕业、南浔铁路管理局局长、青岛市市长龚学遂；这里的祖辈们"燕翼贻谋宜有道"，为后世子嗣做着长远打算……这就是金溪县合市镇霞溆龚家村。

　　村庄规模不大，整体坐北朝南，基址为滨水岗地。南北向最长距离约为260米，东西向最长距离约540米。村前水塘波光潋滟，村周良田沃野千顷；远岸青山环抱，近村绿水萦绕，视野甚是开阔。聚落图形饱满方正，街巷空间丰富，村落完整度、建筑布局紧凑性、空间序列明晰性均较高。

古村风采

"燕翼诒谋"古宅内院

"渤海流芳"门楼

村中古井"官帽井"

霞漈龚家村整体格局为"一轴、三组团、五水塘、两节点"。一轴：从"渤海流芳"门坊进入有一路贯穿南北，为该村中轴线。三组团：宗祠组团、龚家大院组团和其他普通民居组团。五塘：村落正前方有一长方形水塘，形成前塘后村式格局。村东祠堂前一口略成方形水塘、老村东侧一口不规则状水塘、龚家大院西侧小水塘、

古屋内雕梁画栋

新村正北大水塘。两节点:村前正对水塘的"渤海流芳"进村门坊、公祠入口的"入门思敬"门坊。

传统风貌保存较好的片区集中在村子东部,完好保存有一口古井、两座门楼、一棵罗汉古松、三棵千年古樟、四条传统风貌与格局完整的古街巷。街巷肌理明晰,布局紧凑,两侧建筑墙体高耸,61栋明清古建筑鳞次栉比。水塘前道路开阔平直,内部巷道曲折幽深。

村内古建主要有"燕翼贻谋"第、"大夫第"、"龚氏祠堂"、"官帽井"等,含载着深厚的历史文化内涵与底蕴。"燕翼贻谋"第规模宏大,建造精美,布局紧凑,功能齐全,为金溪乡间所罕见。宅内砖雕、石雕、木雕美轮美奂,每件雕刻均有一

古宅家居摆件

个古典文学故事。屋内天井明亮、庭院深深，数个或方形或圆形门楣，交相辉映，显示出屋主人的高雅不俗。

霞漈龚家村历代名人辈出，其中最具代表性的人物是明代著名医学家、曾任太医院医官的龚廷贤。其自幼秉承庭训，随父习医，精通医理，尤擅儿科，为江西历史上"十大名医"之一。一生行医60余载，言称"良医济世，功与良相等"，其名方"蟠桃丸"为明、清代宫廷经典养生秘方。为父续编完成《古今医鉴》，丰富了中医学宝库，以其实用性而流传数百年不衰，为繁荣世界医学事业做出可贵贡献，被誉为"回天国手"、"医林状元"。

（撰稿：郑小文）

龚廷贤墓

腾蛟起凤 文韬武略——涂坊

走进金溪县陈坊积乡涂坊村，但见在一片丘冈之上，宅院依稀，斜阳巷陌，野草离离；青苔侵屋，墙圮井废，给人一种无尽而强烈的沧桑之感。

从村东青石古道进去是一总门，"云林起秀"四个阔大的颜体大字石匾嵌于门额，格外引人注目。其不远处是下关门，这是一座明代建造的村门，村墙即从这里两侧开始，围绕护卫全村，可惜已毁，仅可觅见几处残垣。下关门因经历代维修，依然完整，门前视野开阔，良田千顷，直抵远山；门内绿竹婆娑，影壁上嵌着大幅石匾"腾蛟起凤"。此四字取自王勃《滕王阁序》中名句："腾蛟起凤，孟学士之词宗；紫电清霜，王将军之武库。"村西的上关门原有一块大石匾，上书"紫电清霜"四字，可惜上关门影壁已倾圮，石匾亦残断破碎，了无踪影。

"云林起秀"总门

古村风采

培清公祠

"紫电"是古代宝剑之名,"清霜"形容宝剑锋刃寒若霜雪,比喻武艺出众;"腾蛟起凤",即像蛟龙和凤凰那样腾空飞起,比喻才华洋溢。一个僻静的乡村村口门楼刻有如此彰显文武才能的匾额,不得不叫人刮目相看。

"腾蛟起凤"字匾

进到村中,有一巷曰"文武第"。巷子为一色的青石板铺就,在多幢高大的印斗封墙屋中,有一幢门匾题刻着"进士第",最后一幢大门向东,石匾上赫然镌刻着"都督第"三个大字!这是明代进士黄朝选与其兄长、著名抗倭将军黄朝聘两兄弟的府第。

黄朝选,万历十六年(1588)乡试举人。黄朝聘,万历甲午年(1594)乡试

古屋巷弄

武解元、万历二十六年（1598）武进士，授湖广清镇司守备，后任苏淞备倭总兵兼都督命事。时"海寇（即倭寇）纵横蹂躏，朝聘时出汛海上，歼捕无算……升宁夏总兵官，挂征西将军印，兼后军府都督同知，赐蟒袍玉带。朝聘旋以疾告归，卒于家。"一介武官做到从一品"后军

古村风采

古巷道

109

荒凉的古屋

都督同知"的，千古金溪仅黄朝聘一人。

"都督第"位于小巷深处的高坡地上，这里林木扶疏，遗存一道带大门的明代砖墙。大门甚朴素，并无任何砖雕石刻，唯有门楣大石板刻"都督第"三个行楷大字，气韵古穆，无落款，不知是否是黄朝聘本人手笔。"都督第"全金溪只此一处。

然而，赫赫都督府第如今竟然成了一片农家菜园。原来，房子新中国成立初年就倒塌了，留下一堆瓦砾，后人捡尽瓦砾，挖松土地，以残垣断壁为园墙，便种上了四时菜蔬。真可谓："吴宫花草埋幽径，晋代衣冠成古丘"，令人顿生万千感慨！

村中还保存着大量关于抗倭名将黄朝聘的历史记忆。其山林有叫"御马场""跑马箭""淡源岗"的，前二者是黄朝聘曾经带领军士练武之地，后者"淡源"是其父之名。"都督公"黄朝聘生于贫苦之家，在艰难困苦中奋起。其自小勤奋好学的故事依然在村民口中流传，激励着一代又一代村民。

（撰稿：郑小文）

名门后裔之村——尚庄

"黄坊是府,尚庄是县,印山好比金銮殿。"

金溪地方流传着的这句俗语,充分说明,尚庄村落规模和格局自古有名,聚落完整度较高。

尚庄村位于琉璃乡西部,属于金溪偏远地带,接近抚州临川区。村庄南北向最长距离约为350米,东西向最长距离约298米。该村文化特色鲜明,因为它是一座名门后裔之村。

据尚庄《李氏族谱》记载:南宋初年,重臣李纲的儿子李宗之从福建邵武迁至金溪下溪。其曾孙李让,又从下溪迁来琉璃尚庄结茅而居,至明清繁衍发展成为一方大聚落。

"科甲传芳"门楼

古屋与石道

村子整体坐北朝南，基址为南低北高的田间岗地。村落形态呈组团状，规划有序，在四个方向分别设有门楼，百姓称之为"关"：东关"凤林起秀"，南关"科甲传芳"，东南关"五马昌符"，东北关"古陇名家"。门楼既标榜着这里文风兴盛、科甲兴旺，也是村子的进出关门。

尚庄村历史上先后出

"凤林起秀"字匾

高墙对峙的巷道

过进士一名,举人十二名。村子格局受这些文化因素影响,呈现明显的组织性。"科甲传芳"门楼西侧有一口半月形水源,旧时能够供半村人饮用。村南一条溪流,从门楼前或穿过或绕行。村外溪流、古桥、人家,界面颇有特色,漫透着浓郁的田园风情。

尚庄村里祠堂、民居、门坊、古桥、古井等元素齐全,内部空间街巷曲折,有一定变

"登科"字匾

古村风采

通往郊外的石桥

化。村中保留有大量明清民居，如"良筠储秀""幼二公祠""世绍清芬""慈爱第""进士第"等，建筑精美度较高。村内大部分石板街巷保存完好，明清时期设计铺设的排水系统，至今仍然在发挥着作用。

尚庄在村落格局和形态上，建筑布局紧凑性、整体形态几何性、空间序列明晰性均较高，而街巷空间丰富性相对一般，外围边界的封闭性和主体建筑的中心（突出）性也居中。但其四门（"关"）完整，在金溪众多的古村落中，有一定的代表性。

（撰稿：郑小文）

来金溪老街　享受慢时光

老城与老街，其骨子里的东西——个性，是不可复制和模仿的。

清晨，当苍老的咿呀唱腔从金溪秀谷镇老街幽深的古巷里传出时，瞬间便被一种"久远"感所震撼。断续的唱词，被褪去了舞台、戏服、油彩，散落在了寻常人家的晨昏空隙间。

拐进一间明清老宅，一位双目微闭在院门口休憩的耄耋老者，脸上的皱纹纵横交错。老者仿佛与老宅一样，在经历了风雨蹉跎的岁月后，躲进光阴的纹络里，隔着流年看渐远的青葱与繁盛。

纵横交错的深巷、重叠幽深的古宅院、沉淀着厚重文化气息的明清建筑……当年，这里街井繁荣，经贸昌盛，曾留下多少商贾才俊的身影，烙下多少文人墨客的足迹。如今，岁月的风霜让老街的墙壁有些斑驳，昔日繁忙的街巷落入萧条，那浓重的地方方言如着了时光的绿苔，吸附在巷子两边的老墙上，丝丝入耳。

古村风采

王家巷古建筑群

辉煌的沧桑——金溪古村落群印象

老街光阴

"见山楼"门庭

水门庙

　　老街时常迎来探古寻幽的游客。

　　王家巷，因清代一名从事锡器生意的王氏富贾而获名。如今，王家巷尚保留了2000多平方米的七幢老宅和王氏祠堂。透过祠堂紧闭的大门仍可窥见祠堂内昔日的富丽堂皇。巷子蜿蜒曲折，拐进一家古宅庭院。进门，可见砖雕、石额、楹联，一派古朴意境。老宅至今还有人居住，门庭前，几名村妇在一口古井边打水洗菜，从桶里溢出来的水将井旁的石板冲刷得锃亮。厅堂内，一位老人独自静坐在靠椅上，就着天井投下的光线微眯着双眼，安静地阅读着一份旧报纸。

　　从王家巷转出，便进入老街胜利路，路面和视野顿时开阔起来。街道两边林立着骑楼式老商铺，见证了老街的繁盛。路旁两侧不时冒出几条南北延伸的幽深小巷，第一条便是狭而幽深的立新巷。移步其中，

老街篾匠艺人做工场景

古村风采

"王氏祠堂"概貌

　　窄窄的，大体只容得下一两人同行。相比王家巷的气派，它显得静谧许多。

　　沿着老街往前走三四百米，便可寻见与立新巷互相平行的水门巷。水门巷，因"金溪水"穿巷而过，"水门庙"临水而建，故得此巷名。立于巷口，一股夹杂着浓郁香火及灶火的气味袭来。相比立新巷的静谧，水门巷显得欢闹不少。此巷里的老宅以周姓居多。望着庭院内斑驳的高墙、破旧的门窗，遥想昔日周氏家族同堂热闹之景，忽而有一种穿越时空的恍惚与伤感。

　　走出水门巷，来到因一处明代官厅而久负盛名的东风巷。明代官厅最特别的是"歪门邪道"，即官厅大门不正对小巷，有意将门的朝向转一个角度，斜斜地对着街道。偌大的官厅伫立在人流渐稀的巷子里，一个躬着身躯的老妇路过时抬了一眼："人老了，老屋也老咯。"仰望老屋伸展出来的角檐，揣测它的时光。时光一刀一刀雕刻出它如今的模样。老街如是，老街的人亦如是。经历了与时光的较量和厮杀，就进入了喧嚣后的安宁。老街的人只有生活中的斤两，他们要么沉浸在买卖的吆喝里，要么埋首于世俗的奔波中。生活是枝节错综的烦琐，是浓重的烟火，是市民化的。

　　抬望眼，目光所及的一砖一瓦都浸淫着时光的刻痕，穿梭老街，眼里的片段不过是瓦楞上的一滴雨露，时光最终也会带走它们。但是，如果你靠近，你一定会看见更多更多，它们就如隐秘的诱惑，带着人世的温情与美好。世易时移，它们依然静默地伫立着，守着曾经的繁荣与如今的沉静。

（撰稿：徐　佳、章小云）

古建解读

书香古韵话金溪

这是一片美丽而神奇的热土；

这是一座被山水与人文浸润的魅力城市；

这是一颗璀璨耀眼的明珠，镶嵌在抚河河畔，散发出夺目的光芒！

这就是江西金溪。或许上天眷顾，它毫不吝啬地将珍贵的金银矿资源赐予这方水土，使得山间溪水色泽如金，因得"金溪"之名。

金溪建县于北宋淳化五年（994），是江西为数不多的千年古邑之一。全县面积1358平方公里，人口30万，享有"江南书乡、心学圣地、文明新城、华夏香都"美誉。

山水为形、人文乃神，金溪有着神形兼备的气质。她以其深厚的人文历史、秀美的自然山水、古朴的民风民情，构成了一道集生态风光、历史遗迹、自然资源于一身的靓丽风景。

象山文化历久弥新

乾坤有精物，灵地出人杰。金溪人杰地灵，书香袅袅，曾出过2名状元、3名榜眼、242名进士，被誉为"百世大儒"的哲学家、教育家陆象山就是其中的杰出代表。陆象山是中国心学的创始人，他提出"心即理"的哲学命题，认为"宇宙便是吾心，吾心便是宇宙"，后经王阳明继承和发展，"陆王"心学思想享誉世界。

陆象山所倡导的"发明本心，堂堂正正做人"等哲学思想指引着金溪人民。"诚实、包容、实干"的人文精神在这里得到生动诠释。

象山公园

辉煌的沧桑——金溪古村落群印象

浒湾雕版印刷

书香文化千年飘香

江西自古有民谚"临川才子金溪书","金溪书"指的便是金溪浒湾书铺街的木刻印书。金溪浓厚的书香气息，使这个航运便捷的临河小镇木刻印书从明代中期发展起来，清乾隆、嘉庆、道光年间达到鼎盛，成为江西的印书中心。凡经、史、子、集、戏曲话本、书法碑帖，当时在这里都能刻版刊行。"金溪书"既指金溪雕版印刷的昌盛与名望，其实也彰显了金溪藏书的规模与质量。

古巷深深，行走在金溪书铺街历史车轮留下的青石板路上，感受着当时独轮车经过的记忆。

古建解读

琉璃乡蒲塘村大夫第

古村文化焕发新颜

3个国家级历史文化名镇名村,7个省级历史文化名村;1处国家级文物保护单位,15处省级文物保护单位;45个传统古村落,912处11633栋明清古建筑,饱经沧桑,默守千年,散布在青山绿水间,娓娓述说着这片家园的久远和美丽。雾霭烟岚,古宅旧祠,门楼牌坊,高墙巷弄……古韵遗风,美得极致。

缓缓走在陈旧的青砖路上,想象着古村落往昔的辉煌与繁庶,那份雅致与幽远,使人心醉神迷。

划旱船

非遗文化精彩纷呈

千年的文化积淀，为金溪山水融入特殊的人文因子。

"华夏一绝"手摇狮、马步灯、蚌壳灯、旱船灯彩等众多极具地方特色的非物质文化遗产穿越岁月，璀璨千载，传承千年。目前，金溪县已挖掘掌握的非遗项目共有20余项，其中列入省级非遗名录6项。

2013年，手摇狮走进人民大会堂，参加了央视"百花迎春"大联欢，登上了中国文学艺术界的最高舞台。2015年7月，手摇狮走向国际，代表江西省在意大利米

金溪"手摇狮"

兰世博会的中国馆内亮相,向各国友人展示我国特色鲜明的民族文化。

非物质文化遗产是精神文明的摇篮,是文化的果实、文明的标志。金溪非遗文化精彩纷呈,正在向世人缓缓走来。

"邂逅五湖乘兴往,相邀锦绣谷中春。"

古韵悠悠的金溪向天下宾朋、八方商贾热情邀约:欢迎您来金溪观光考察,和您一起探寻蕴藏在这方青山碧水中浓浓的"书香古韵"!

(撰稿:徐佳)

以人为本　以品为先　耕读传家　农商并重
——金溪古村落解读之竹桥古村

"竹里桃花红几点，桥边杨柳绿三分。"

竹桥，一个清新俊逸的村名，带着野趣与诗意！

这个五代末年从福建邵武移居金溪火源，又于元末明初迁居竹桥的余氏家族，在金溪发展生息已历一千余年。他们从容而充实、心怀高远而又脚踏实地地生活在这方土地上，耕读传家或农商传家，演绎着恪守人品、不忘根本、尊礼敬祖、居仁由义的人文精神，"须知守旧存忠厚，亦能维新说异同"，绵绵不断地延续着自己的血脉和历史，至今已衍三十七代，成为当地一大著姓族群。

江西商人具有人数多、从商业贾蔚然成风、落地生根的渗透性等特点。或独自经营，或父子、兄弟相偕经营，又或家庭、家族内部有计划的分工，"商、贾、农、艺"各职一业，构成赣商个体经营方式及家庭分工的三个层次。竹桥村人素有重商传统，自然也深深地留有江右商人的烙印。

为了完整地介绍竹桥古村演进历程和人文内涵，当地特设了《竹桥村史展》，分"历史与环境"、"古建与遗迹"、"民俗与传统"、"行业与家族"四部分，配以竹桥风光摄影作品或插图，构建了一个"图文竹桥"，对解读与欣赏真实的竹桥大有裨益。

总门楼

古建解读

竹桥下门楼

辉煌的沧桑——金溪古村落群印象

一、历史与环境

竹桥村位于金溪县北部双塘镇境内，距县城十公里，村庄地处一个宽阔的盆地区内，坐落于一个较低的小山丘上，依山面畈、坐北朝南，四周良田千顷，村前一条小溪自东而西流，蜿蜒盘伸于农田之中。村落层楼叠榭、雕梁画栋，有近三百户、近千人，主要为余姓聚居村落。这里有气势宏伟、功能众多的明清古建筑，是我国南方农耕文明的历史见证，蕴涵了"临川文化"中的多种元素，亦可窥视明清江右商人与农耕文化之间的关系。如业儒举子的书院、雕版刻书的作坊、致仕归乡官员的书房居宅，有民情风俗的龙灯与马步灯表演等，包含了历史学、社会学、民俗学等在内的众多文化意蕴，是中国传统社会农、商、儒并重的有丰富人文历史信息的标本之一。

"以农为本"的中国传统社会，学而优则仕的"官本位"思想根深蒂固。在此影响下，竹桥余氏先祖有"一等人忠臣孝子，两件事读书耕田"的古训，对族中子

弟文教科举事业非常重视，如规定族人参加乡试的奖银二两，中举或进士的奖银加倍等，并在祠堂中设有私塾、书院，如仲和公祠中的"养正山房"、步云公祠中的"怀仁书塾"等，都是族中子弟读书之所。在尊儒崇仕的氛围下，激发了乡人进取科举功名的热情，孕育出不少优秀人才。就算在近现代，竹桥知书达理、崇文尚德的风习依旧延续。

与重视务农业儒相比，竹桥先人也一直有重商传统，外出经商之风盛行，主要是以书坊、造纸业为主。金溪县是明清江西雕版印书中心，素有"临川才子金溪书"的美誉，被誉为"清代四大刻书中心地"之一。而竹桥人则开了金溪雕版印书的先河，是"金溪书"的发祥地和主要承印地、雕版印刷记忆遗产保留地。位于仲和公祠侧面的"养正山房"，与"十家弄"上首的"苍岚山房"，是村中至今还保存完好的清代完整雕版印刷作坊两大遗存地。而位于金溪县浒湾镇的"余大文堂"商号，则是竹桥余氏宗族最为著名的传统刻书业商号，建于清嘉（庆）道（光）年间，是当时金溪县最大最早的雕版印书机构，也是江西乃至南方书业中的一个著名刻书场所。

竹桥古村"七星伴月"池塘

竹桥镇川公祠

二、古建与遗址

竹桥古村始建于元末明初，有近700年历史，村中有宗祠、门楼等保存完好的明清古建筑共计109栋(处)，堪称我国南方农耕文明的缩影，不仅是赣东民居的代表，也是构筑风水的典范，还是经营自我内心和人格理想的杰作。清一色的青砖灰瓦朴实素雅，向世人昭示着浓积其中的古老历史文化。2009年和2010年，竹桥村先后被评为"江西省历史文化名村"和"中国历史文化名村"。

村中建有总门楼和上、中、下三个门楼，是全村的进出要道，也是村民举办红白喜事仪式的必经之路。门楼都面临水塘，通路从两侧而出，体现出防火、防盗的匠心。村后有三个山门直通后山，是专门为防范强盗、土匪而开辟的退路。村内房屋幢幢相连，将村庄连接成为一个封闭的建筑群。这种完整的村落形态，是赣东民居的缩影，其建筑及装饰风格集中体现了该地区古民居的基本特点。

总门楼"禁碑" 道光十一年（1831）立。

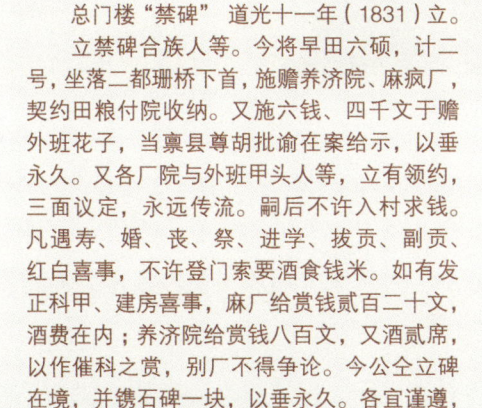

立禁碑合族人等。今将早田六硕，计二号，坐落二都珊桥下首，施赠养济院、麻疯厂，契约田粮付院收纳。又施六钱、四千文于赠外班花子，当禀县尊胡批谕在案给示，以垂永久。又各厂院与外班甲头人等，立有领约，三面议定，永远传流。嗣后不许入村求钱。凡遇寿、婚、丧、祭、进学、拔贡、副贡、红白喜事，不许登门索要酒食钱米。如有发正科甲、建房喜事，麻厂给赏钱贰百二十文，酒费在内；养济院给赏钱八百文，又酒贰席，以作催科之赏，别厂不得争论。今公仝立碑在境，并镌石碑一块，以垂永久。各宜谨遵，恐后无凭，立禁碑存此。

锡福庙"争水具结碑" 康熙六十年（1721）立。

炤依原案。康熙十六年大旱，鸠土工数十，木石二百余两修筑牛车陂荫塘，惨遭三都周乾生、斌胜公、万燕及等伙凶强车，当即执车三乘，打破车二乘，禀控在县，蒙前侯李编德老爷秉公勘审，验明县志，各有承荫，重处闹争，哀号免责，乾生等出具自后再不敢下越四邻牛车陂争水告结。卫房、元承衍具遵依甘结。三都周一宗周乾生、斌胜公、万燕及等，今当大老爷台前，遵依奉公审断，各承各荫，再不敢用强下越四邻余氏牛车陂车水，为此出具告结，中间不敢冒结。所结是实。

此外，为了教化和约束族众的行为，维护本族的利益，竹桥余氏的族规日趋完备，制定了较为详细的村规民约，许多勒石成碑而流传至今。现存古碑刻主要有：锡福庙"争水具结碑"、总门楼"禁碑"、上门楼"禁碑"及下门楼"禁碑"。

竹桥舞龙灯

三、民俗与传说

在长期的繁衍生息、社会生产和生活过程中，竹桥族人形成了各种各样的生活习俗、民俗风情和传统，并代代流传着一些故事传说。如：结婚成亲民俗，嫁女民俗，上谱、议事、"吃文会"，"吃清明"，八月迎神看戏，冬至祠堂领蛋，正月玩灯（主要有龙灯、马步灯、蚌壳灯）等。而在族人中又代代流传着一些故事传说，如：余钟祥经商传说、村民"抬枪"抵抗广匪……这些民俗风情和传说故事既反衬出竹桥村的发展轨迹，也包含了余氏祖先谋生的艰辛，丰富了他们的精神生活，更寄托着竹桥村人的美好追求与愿望。

四、行业与家族

作为传统十大商帮之一的江西商人，一直以来活跃于全国各地。从事雕版印刷业的金溪书商，也深深的留有江右商人的烙印。金溪人卖书之风，始于明初的竹桥村。

竹桥村人素有重商传统。据族谱不完全统计，自清康熙以来，从事商贾的人物多达40人，地点多集中在北京、四川、贵州以及省内的贵溪、铅山等地。竹桥村的书商主要是以书坊、造纸业为主，明代就已盛行。族人余仰峰在外贩卖书籍，后回乡自开印书房，开金溪雕版印书先河。康乾时期，村人在全国各地做卖书生意，本村所刻古籍在全国都设有分号，如族人余德昭在北京开书肆，收罗古籍，并兼理金溪嘉会试馆。当时著名的金溪最大最早的雕版印书堂号"余大文堂"就设在村中的"养正山房"里，上堂及后堂都是印书之所，雕版印刷历史上的各种书籍，不仅包含经史子集等科举读物，而且还有小说、戏曲话本、书法碑帖等文艺书籍，品种繁多。竹桥雕版印刷业的发展过程，是我国传统行业发展轨迹的一个缩影。

竹桥村自明清以来，进行了诸如修族谱、祭祖先、建祠堂、定族规、强族权、置族产等一系列实践措施，不断增强宗族的凝聚力和整体意识，组成了一个强大的族群网络，奠定了刻书业发展的基础，影响着村人的日常生活。许多从族中走出的经营致富的商人，由于受到家族的支持，在"重本思源"思想指引下，积极实施商业辅助，将其经营的一部分利润反哺于所在的家族，不遗余力地支持村落族群建设，如：扶助族亲与修谱建祠、修建道路、赈济饥民及参与其他公益事业等。其回报家族、支持家乡发展的积善行为，为维护自身及家庭成员的长远利益提供了有力的保障。

（整理：熊之裔）

竹桥"谏草傅芳"门楼及周边古宅

章法各异　个性纷呈
——金溪古村落解读之村落整体格局

　　金溪境内遍布古村落，其中整体格局比较完整、保存有相当数量古建筑，而且内涵深厚、风貌特色鲜明的有上百处。这些村落格局完整，分区明确，路网清晰，以类型化的公共节点和重要建筑元素来串联村落内部空间，如门楼、祠堂、书院、村庙、官厅、池塘、古道、小巷、场院等，按照具体地形和规模、朝向和各家各房长幼尊卑和财力地位等多方面因素进行组织，把世俗活动空间与田园劳作空间、祭祀空间以及普通居住空间分配得井然有序。内部空间布局序列递进，逐次展开，起承转合，层次分明。同时，又根据各自的地形环境和布局构思，形成具有共性而各有章法、个性纷呈的村落组织肌理和风貌格局。

　　山水格局——古村落的形态与格局都深受地形的限制和约束。金溪地貌以丘陵山地为主，其古村落群主要分布在县境中部、西部，大多数村落集中在低丘及岗地，

辉煌的沧桑——金溪古村落群印象

竹桥古村俯瞰

形成一种比较统一的地形（山水环境）特征。金溪古村落的地形特征属于介于丘陵和平原之间的岗地，大致又分为两类：一是地形起伏类，如珊珂、谢坊、后林等村；一是地形平展类，如竹桥、中宋、坪上等村。

金溪古村落选址在岗地，地势变化不大，但仍然加以利用，大致都是凭高向低，背山（岗坡）面水（池塘），居险聚气。背后的山体植树为风水林，以固山避风。大耿、戌源、全坊、常丰、大拓、印山等村都保留有较完整的风水林，且大多数村落村口还有古树作为标志，比如竹桥、蒲塘、先锋傅家、云雾、太坪等。前面挖掘水池，引水入池，既

村落中的桥和流水

古建解读

崇麓"世科第"门前

辉煌的沧桑——金溪古村落群印象

尚庄村南门坊

可以聚气,也可以调节小气候。几乎每个村落前面都有水塘,大多数是人工挖掘的,成为固有的格式。由此形成负阴抱阳、背山面水的格局——山体遮蔽后方,成为背景轮廓;水面铺陈前方,拉开视距视野的山、村、水的介质过渡风貌,正是传统风水观念在村落选址布局中的体现。

山水格局与村落基础设施是紧密关联的,村落的给排水主要依赖水塘、水渠和水井,这些都依赖山水选址时考虑水源的充足安全和地势的落差处理。

防御格局——自给自足的农耕文化时期,防御是城市的第一功能。村落虽没有城市那

东源村古民居

样坚固与封闭，但也有很多防卫设施，具有鲜明的防御性。历史上，金溪古村落大多数都建有围墙，比如后林、下宋、东源、竹桥等，有的村落则以连续一排附属建筑的外墙体形成对外封闭的界面，比如北坑与戌源。现在，金溪仍有一些村落可见村墙的遗留。比较完整的是后林，不仅围墙完整，而且有一座门楼防御特征非常强的门楼；部分残留的，如东源、涂坊、下宋等。

交通格局——金溪古村落的内部交通一般由一条横向干道和多条纵向巷弄构成，其中横主纵次。四面门楼，东西为主，即主要道路是东西向从村前穿过；南面的门楼一般为象征；北面由于在村后，一般比较隐蔽。内部，则以狭窄的街巷

古建解读

印山村北门坊

135

相连，联系各建筑的组团。有的路网比较复杂，比如岐山村村居布局"九桥十八巷，巷巷通山上"；有的比较简洁，比如游垫村的"一横五纵"。外部交通，则要依赖历史上的官道。

礼制格局——村落的礼制建筑包括祠堂、公祠、社庙、书院等，是村落的精神空间。金溪古村落中的宗祠建筑一般位于村落一端，即下水口位置，如东源、七坊、疏口、蒲塘、游垫、全坊等村；也有位于村落中心的，如大耿、旸田等。公祠位置则一般比较自由。总的来说，它们并不是几何中心，而是精神中心。实际上在金溪，有的门楼或池塘，反而成为村落的几何中心，建筑由此向后向两旁渐进扩展，形成一种类向心的结构，从而构成了一部分村落的布局形态，比如全坊、杭桥等。而一部分村落则从不同的中心向外展开，形成多中心的复合体，比如竹桥。

文化格局——影响金溪村落格局的，还有文化上的重要因素，包括褒奖科举功名的科举文化建筑和褒奖忠孝节义"四德"的功德建筑。在金溪，科举进士村落分布比较均衡。大部分村落都能产生几位科举人物（举人以上），这深刻地影响着村落的整体格局。以合市镇为例，大耿、东岗、游垫、楼下、肖公傅家、杭桥等，它们都至少走出过一位进士。村落之中，与这些科举人物相关的建筑（或构筑），不仅规模大，门楣醒目，而且往往是村落的公共节点，坐落在村落的重要位置，如官厅、桥梁、门楼、牌坊、门券等。忠义牌坊和节孝牌坊，也是村落重要的格局节点。

辉煌的沧桑——金溪古村落群印象

褐源村郑家村小组古屋概貌

生产格局——劳动耕种的田地分布在村落的外围，但是这个范围尺度都不大，很多村子在门楼那里就能看见甚至看尽自己的田地，换句话说，范围不大。对于这一点，令人有点不太明白：居住的规模与尺度难道和田地出产之间会有一个比例关系？假如出产有限，是支撑不了聚落点的数量与规模的。但是，金溪古村落的分布似乎显得有些过于密集了。

居住格局——泛指各家院落、池塘边、门楼周围、桥梁、街巷交通节点，与居住生活有关的空间，形成"院落—巷弄—池塘—空场"的空间层次。

形态格局——以整体形态格局论，有顺着一条横向主要道路展开的带状，典型村落有疏口、褐源、黄通、眆田、游垫等；有沿着多条纵向巷弄并进的格网形成的团状，代表村落有竹桥、东源、楼下、城湖、戌源等；有的是比较自由分散的组合，比如疏口、中宋等。有的内部形态十分紧凑，如全坊、竹桥、东源等；有的相对自由松散，如疏口、杨坊、褐源等。总之，居高面水，一横多纵，四面门楼，是金溪古村落基本的结构和形态。

特色格局——有些金溪古村落格局有着自己独特的形态与格局，如后林的化外古堡，疏口的拂尘飘逸，游垫的一横五纵，竹桥的七星伴月，杨坊的流水穿村，全坊的众路归心等。

（供稿：王炎松）

古建解读

不露声色的"方盒子"
——金溪古村落解读之传统建筑立面

格局方正的民居古建

牌坊隐门壁,格棚遮天沟。
砖石围木架,四方斛谷兜。

金溪古村落保存着大量明清时代的传统建筑,堪称中国民居的宝库。这里的建筑,基本算是江西民居的代表,形象地说就是"方盒子"。

首先,它们的轮廓,四四方方,立面和平面都缺少层次和花样。其次,它们的色彩和材质保持砖石本色,加上屋顶也被墙体包裹,于是看过去都是一片颜色灰黄、轮廓平整、几无装饰的构筑,不似江南或徽州民居那种色彩鲜明的"粉墙黛瓦"。再次,

陆坊村谢家村小组古宅立面

表面一般无什么明显的装饰细节，比如一般没有翘起的墀头、绚丽的屋檐画，表面由平整的砖石包裹，像一个个不露声色神秘的盒子，实在是一种非常有"特色"的建筑。

对于金溪古村落的初次印象，也许是平淡，但是它们的美恰恰在于持久在于耐看。套句俗话，它们相当"低调、奢华、有内涵"，久望之，会产生一种耐人寻味的美感。换句话说，金溪传统建筑的立面非常符合现代建筑"方盒子、少装饰"的特征。

金溪传统建筑的正立面大致由屋顶、屋身、门窗等三个部分构成。

苏口古村古建群航拍

屋顶——砖墙遮顶，平直顿挫

　　金溪传统建筑的屋顶部分的特点是不奢侈，因为大多数的建筑，无论正面侧面，屋顶基本被墙体所遮掩，看不见坡屋面（屋面向天井内排水，且被外墙包裹起来），仅能在建筑顶端看到薄薄的一层瓦檐，形成一个大约20厘米的屋顶轮廓线。檐下再饰以一尺见宽的白檐，檐上少见彩画。

　　这样的隐去坡屋面的立面屋顶，我们可以称"平屋顶"，侧面（山墙）也少有起伏和跌落，呈一字型，由于平面也是方形，这样看过去，屋顶基本是一圈平直的线条，整个建筑轮廓是方形的，屋顶内凹，就是所谓的"四方斛谷兜"。在金溪，这种平面与立面均为方形的传统建筑最为常见。

　　它的正面一般有两个样式，一是屋顶线条平直，呈一字形；一是一些建筑在门所在位置上方的墙头骤然下降一段距离，从而形成了类似汉字"凹"的立面。"凹"字形的立面同样可以活跃立面形象，不至于使建筑形象显得单调。而且"凹"下去的地方正好是大门上的门罩，这样的做法无疑也是对大门的强调。

　　还有一种不太常见的门堂式建筑立面，不同于"四方斛谷兜"，它的正面没有封以墙体，把双坡的屋顶露出来，我们或可将之称为"坡屋顶"。檐下的屋身前面一排木柱与木梁，大门退后一进。两侧山墙或平齐屋面或高出屋面出墀头，形成两叠或者三叠的马马墙。

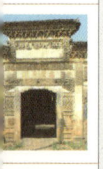

辉煌的沧桑——金溪古村落群印象

古民居石墙

屋身——砖石包裹，凹凸有致

这里的民居大多数山墙不做墀头，而是和正面连贯，形成一个十分方正的轮廓。

屋身分为墙身和墙裙两个部分。建筑墙体绝大多数不加粉刷，直接露出清水砖石墙身，青灰色的砖，灰白的石头，经过岁月的淘洗，材质的颜色有棕黄色和青灰色之分，但其做工均十分精良，所砌墙面十分平整，有的泛着古玉一般的光泽。

当地建筑一般有近1.4米高的条石墙裙，有的超过2米，皆使用当地特有的石料，颜色多灰白，也有泛红或泛青的。屋身也有以下几种变化。

一是带前院，即正面有一个进深不大（一般3米左右）的跨院，由于风水和私密的原因，院子的入口往往不在立面的正中央，而是在立面的一侧，或者干脆从侧面进入。讲究一些的院门做成八字门形制用以突出入口。

由于防御功能，前院都围以院墙，高度均高出人身，可达3~6米不等。极少数前院仅设围栏。有的围墙高度平直，有的为了突出位于院墙之后主体建筑的入口，院墙的高度往往在中间一段下降，露出其后建筑的大门。这种院落的大门一般比较简单，门洞不出檐，只有少数有做三滴水式样出檐的。这种立面屋身看上去比较封闭，但错落有致。

门堂式建筑的正立面则比较开敞，露出柱子、墙板、隔扇。

由于平面轮廓方正，其屋身变化主要在于屋顶轮廓，只是根据屋顶轮廓的不同，

古建解读

该类建筑的正立面分为方形立面与凹字形立面两种形式。还有一种变化，建筑平面在正面入口处向内有凹进，形成了过渡性质的门斗，这在金溪也较为常见。它可以丰富立面，强调入口。一般呈外八字形凹进式。凹进的门斗和凸出的门罩，是影响立面层次的对应元素。

这些单独的立面组合在一起，因为屋顶轮廓有的平直有的顿挫，门罩形式不同，因为有的大门凹进有的大门不凹进，会产生一些层次的有机错落、微妙的韵律和变化，也都是它们自身不经意的展现和表露，沉稳而内敛。这样的建筑艺术是值得细细品读的。

有些建筑组成村落的整体立面，给人留下十分深刻的印象：比如珊珂，那台地上隐藏起来的小巧精致；比如城湖，那环湖连续的缠绵叙事；比如耿桥，那临水听曲般的动人节奏；比如褐源，那面向田野的宏大展开；比如游垫，那为一个人书写的辉煌构成；比如全坊，那池塘边倒映的向心秩序。

门窗——各种门罩，石雕门窗

大门是立面的重要标志，大门可以分为有厦式（即大门上方挑出屋檐，又叫门罩）与无厦式两类，有厦式又分砖叠涩出檐和木架出檐两类。砖叠涩出檐主要有一滴水、三滴水两种，五滴水很少见，三滴水的屋檐分别位于门的两侧及正上方，多见于公祠类等级较高的建筑。这种形式演变到极致，是将一座牌坊直接作为门使用，由于牌坊高度较高，因此中间部分的屋顶会稍稍高出两侧。在金溪，三滴水有厦式、石雕比较精美的大门，被人们笼统地称为牌坊门屋。

竹韵松涛

寄寓丰富的木雕门窗

　　木质门罩常见于中小型民居上，门罩落在从墙体中伸出落于石质垂柱头上，这是江西民居的特色之一。

　　无厦式大门，有的仅做石门框（或方或拱），有的门框上有门楣，稍讲究的会在门框雀替和门楣石上作精美的石刻雕饰，有的门楣还以几颗门簪加以装饰。

　　窗户的面积非常小，却是看上去封闭沉闷的立面不可缺少的重要元素。这些窗户用的都是方形石框，高的不过80厘米，宽的不过40厘米，但是均敷以精美的石雕。

　　无论有厦式还是无厦式大门，大门的门楣上一般有题字，除了"进士第"、"天官第"、"大夫第"这种科举功名内容外，要么是标榜家族如"秀启南丰"、"云林钟秀"，要么就是标榜个人品德情操如"竹韵松涛"、"居仁由义"、"培兰植桂"、"芝兰起秀"等。

　　金溪传统建筑门窗上的石雕，有的是简单的吉祥图案，有的是复杂的动植物甚至人物雕刻，大致有：福禄寿、六合同春、三阳开泰、喜上眉梢、福在眼前、国色天香、富贵平安、君子之交、一品清廉、事事如意、麒麟送子、太平有象、连年有余、鱼跃龙门、必定如意、必定平安、暗八仙等，应有尽有，且均不失为一件件精美而珍贵的艺术品。

（供稿：王炎松）

古建解读

荒芜中的贵族　寂寞中的尊严
——金溪古村落解读之门楼

金溪的古村落，几乎可以说是反映明清古邑古乡完整画面的孤本。它格局完整，分区明确，路网清晰，以类型化的公共节点和重要建筑元素来串联村落内部空间。如水口、村庙、门坊、祠堂、水塘等，把世俗活动空间与田园劳作空间、神灵祭祀空间以及普通居住空间分配得井然有序。起承转合，层次分明，空间丰富，并根据各自的地形环境和布局构思，形成具有共性且各有章法、个性纷呈的村落肌理。

门楼是金溪古村落格局中一个重要的构成元素，几乎村村有门楼，一般是一村共同的进出口。这里说的门楼，只是一个统称，大多数不一定真正有楼，按实际的做法，其实应该分为门楼、门坊（券）、门屋三种。按照位置，村落的公共门楼又分村口门楼和村落内部里门两种。按照目前的案例，硬山门屋或牌坊门屋似应为金

辉煌的沧桑——金溪古村落群印象

陆坊"义里"门楼

岐岭村后林组"派衍莆田"门楼

溪古村落门楼的主要形式。

　　门楼和村墙，构成了一个个完整的乡村城堡，这种城堡不是庄园式的，而是聚落式，或者说这是中国乡村的城堡。其中，令人印象最深的门楼，一个在竹桥村，它的门楼最有层次；另一个在名不见经传的后林村，它的门楼最有气派。

竹桥村中门楼

古建解读

145

蒲塘村"名荐天朝"牌坊

辉煌的沧桑——金溪古村落群印象

　　竹桥村纵深有三进门楼，似乎在刻意强调安全性和防御性，各具特色，空间上引领不断打开新的格局，别有天地。第一进总门楼，是一个三开间的硬山门屋，门前布置有品字三井。第二进所谓中门楼，三落水墙式门楼，立面朴素，仅屋檐和檐下一层挑砖假拱而已。第三进门脸为四柱三间牌楼式，门额题字"谏草传芳"，加牌楼后的门屋，成为最典型的牌楼门屋式。

　　后林村的多座门楼，由一条不进入村内房屋的南北道路贯通前后，其中前（南）门楼是两层，第二层上正面一排四个小窗洞，门额题字"抚州公里"，防卫特征非常明显。它的后（北）门楼其实是一面巨大的墙，顶部从中间向两边跌落，中间券形门洞，不能算是牌坊式。村中还有一个题名"云林钟秀"门屋和"九牧世第"祠堂门屋，引导进入村落东西方向的进深。

　　门楼，是村落的大门。它担负着进出一方聚落关口的功能；同时昭示一个村落

印山村"科甲联芳"牌坊

对外的第一形象，还反映出一个村子的精气神。在野外看见一座村落的村口门楼，品评它的布局和构造，阅读它的题匾，不仅会使人产生美感，还会使人产生敬畏。

　　门楼作为公共建筑，还有服务和方便公众的一些功能。为此，除了用一面墙界定内外领域，一般还在墙后设置有一个可以休息的门屋，屋中两侧安排有条座，供村民或者穿村而过的旅者行人乘凉躲雨休息聊天。所以，有很多村落的门楼，扼守古道，其实担负了路亭的作用。有的门楼还寄托了风水的寓意，因此很讲究朝向。门楼正对的方向，那里一定峰峦起伏，景色秀丽。

　　门楼的存在，是古村落整体格局存在的重要标志。门楼后面是什么？是一个巨大完整的规划空间艺术品，是整个家族的烟火人气，是乡绅代表的聚落公共空间建设，是聚集的公心，是个体的回报，是朴野的守礼，是凝固的教化。

（供稿：王炎松）

古建解读

门楣之光耀　人文之守望
——金溪古村落解读之科举建筑

　　科举制度是中国首创的一种选官制度,在中国实行了1300年。它所坚持的"自由报名、公开考试、平等竞争、择优取士"原则,为出身寒门的知识分子进入仕途,提供了一个公平竞争的平台。科举制度对中国古代的政治、经济、文化、教育、伦理、道德、民俗、民风等社会各个领域,都产生过重大而深远的影响,形成了中国特有的科举文化现象。

　　儒耕文化腹地的金溪,自古英才辈出,如陆象山(宋大儒)、危素(元大学者)、吴伯宗(明状元)、黄朝聘(明都督)、蔡国用(明大学士)等大批先贤云涌雾列、俊采星驰。据载,自宋代建县至清末,金溪历史上进士计有264名。这些杰出人物的故乡,仍旧保留着旌表和纪念他们的科举建筑,成为影响金溪古村落群格局的独特构成和靓丽风景。

辉煌的沧桑——金溪古村落群印象

游垫村"侍郎坊"

珊珂村"登龙第"牌坊

尚庄村"科甲传芳"门楼

刘家村"科第世家"牌坊

反映科举功名的建筑门额、牌匾

大致有：科第、进士第、解元第、科甲第、世科第、鼎第里、甲第、科甲世第、明经第、重奂第、登龙第、儒门甲第、麟阁世家等和文元（中举或贡生）匾。一般而言，门额题有"进士第"、"明经第"的，该家族中有人中过进士、贡士；而题有"科甲第"的，该家族中有人通过科举考试中举或中进士后入仕。

"科举匾额含金量高，文化内涵重。若从历史中去追溯，它改变了一个人乃至一个家族的命运，延伸到官学，它就是一部国史，一部地方史。"

彭家渡村"恩荣一大夫第"门庭

反映官阶官衔的建筑门额、牌匾

大致有：尚书第、总宪第、都督第、天官第、牧伯第、方伯第、大夫第、中宪第、中议第、奉政第、文林第、谏议巷、翰林第、外翰第、太史第、州司马第、儒林第、参军第、世袭口骑尉第、簪缨世家、枢密府（匾）等，几乎是明清官衔大全。其中，"大夫第"是最普遍的，历史上捐钱援例得到大夫的虚衔，也可以在门额上刻写"大夫第"（或"中宪第"、"奉政第"等）。

那些历史重要人物对金溪古村落有着深远的影响，金溪的很多村子，仍顽强地保留着这些文

疏口村"大夫第"字匾

旸田村"枢密府""仪同三司""姻联天派"字匾

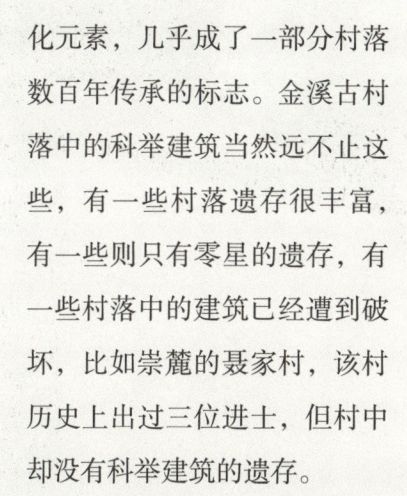

化元素，几乎成了一部分村落数百年传承的标志。金溪古村落中的科举建筑当然远不止这些，有一些村落遗存很丰富，有一些则只有零星的遗存，有一些村落中的建筑已经遭到破坏，比如崇麓的聂家村，该村历史上出过三位进士，但村中却没有科举建筑的遗存。

"翰林第"字匾

但即便如此，当人们凝眸注视这些静静伫立的科举建筑，依然会被深深而强烈地震撼着，对之充满敬畏——不仅对着历史上的人物，更为着这些伫立荒野、褒扬和彰显人文精神的精美建筑。

（供稿：王炎松）

古建解读

功德之标杆　家族之荣光
——金溪古村落解读之明代牌坊建筑

　　牌坊，一种中国特有的门洞式建筑，被视为中华文化的一个典型标识。牌坊是古代官方的称呼，老百姓俗称它为牌楼，旧时多用来宣扬封建礼教，表彰功勋、科第、德政以及忠孝节义的人物，或昭示家族先人的高尚美德和丰功伟绩。

　　牌坊的历史源远流长，滥觞于汉阙，成熟于唐、宋，至明、清登峰造极，并从实用衍化为一种纪念碑式的建筑，被极广泛地用于旌表功德、标榜荣耀。

　　金溪县目前发现有十六座明代牌坊。牌坊只是点状的小规模建筑，绝大多数隐身于村落当中，是村落格局的一个重要组成部分，是金溪古村落"儒耕文化"的重要写照，不仅代表了当年的荣耀，也是这块土地精气神的凝集。透过牌坊，仿佛可以看见，这些崛起于乡里的杰出人物，向后人投下他们高大的身影。

辉煌的沧桑——金溪古村落群印象

游垫"贞节"牌坊

"名荐天朝"牌楼

"名荐天朝"局部特写

　　金溪的牌坊，功能大致分为两类。一是旌表个人，二是旌表家族。表彰的内容，或是家族高风，或是科举、功勋以及"忠、孝、节、义"四德。在金溪乡野，这些牌坊多结合村落门坊或者祠堂官厅大门，或作为村落大门，或作为巷弄入口，或作为建筑大门，极少有单独树立的牌坊，因而在金溪，牌坊的作用相当于"门"，和西方的凯旋门一样，既褒奖具体的人和事，也宣扬一种场所的纪念意义和积极精神。

　　金溪的牌坊，均为石质，而且几乎都是有楼式（屋顶盖住柱子），没有见到"冲天式"（柱子冲出屋顶）。这些乡土建筑的杰出代表，结构形态自成一格，集雕刻、绘画、

"南州高第"牌坊

"南州高第"牌坊局部

辉煌的沧桑——金溪古村落群印象

　　匾联文辞和书法等多种艺术于一身，熔古人的社会生活理念、封建礼教、封建传统道德观念、古代的民风民俗于一炉，代表了当时最高的建筑技术和艺术水平，具有瑰丽的艺术魅力、极高的审美价值和丰富而深刻的历史文化内涵。它们既是精美的建筑，在村落整体格局中又起着举足轻重的作用。

　　这些珍贵的明代遗构，是金溪古村落中一道靓丽的风景，大多数至今还是一些

孔家"圣裔"坊

"文光"牌坊

饶士旦之妻贞节牌坊

古建解读

村落入口的标志，保存完好，不仅令人慨叹村落整体饱满的文化精神和厚重的文化积淀，也彰显了当时的社会气象、建筑技艺和艺术追求。它们虽无高大宏伟的身姿，但毫不苟且的精致细节，怎能不令人啧啧称奇？谁说西方的建筑是石头的史书，而中国的建筑就不是呢？这样的田野，谁有资格能说它们是洪荒的呢？

（供稿：王炎松）

令人敬畏的"圣殿"
——金溪古村落解读之祠堂

祠堂，是一座乡村聚落的核心。

祠堂在村落中，往往建筑规制和质量是最高的。祠堂的建造缘于村人祭祀、聚会、议事，完全是一个公共场所。其中祭祀的功能是第一位的。它是凝聚血缘宗亲、维系宗法社会的权威。看见祠堂，你才感到自己是传承有序的，你才知道对祖先要有敬畏之心。

金溪很多古村落都有祠堂，其中很多是保留完好的明代建筑。它们是金溪民间建筑最杰出的代表，是明清历史建筑的宝库。这些祠堂建筑，被乡民寄予了极大的敬畏和建设热情。因为，在民间，先祖的地位要高于其他。

金溪祠堂的第一方阵，是崇麓邹氏祠堂、东岗山傅氏祠堂、黄坊车大公祠和竹桥文隆公祠等，无不彰显了明代的风度。就建筑本身来说，明代祠堂整体气象是朴素浑厚，门脸素净，不饰油漆，株树红磉，木构浑然一体——典型的明代建筑做法。从这些明代建筑的遗构看来，门厅、拜殿、享堂三进厅堂的格局已经定型。

黄坊村的车姓占整个黄坊村的一半，这个村落规模曾经非常大，而且建有围墙，外人轻易不得入内。车姓营建的车大宗祠，气象撼人：正面五开间门廊敞露的硬山门堂，不同寻常；开间的宽度甚至达到两个柱高，极为舒展；粗梁大柱，构成与空间，给人饱满纯净的印象。

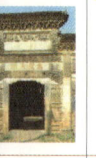

辉煌的沧桑——金溪古村落群印象

黄坊村"车大宗祠"

后龚村前龚组"龚氏宗祠"

游垫村"胡氏祠堂"

　　崇麓邹氏祠堂，朴素的门楼，震撼人心的柱廊，简洁干净，饱满浑厚。木料的支撑和搭接，极尽其能，顺势的弯曲，深深的刻痕，全是力量的表现，几乎无附着的装饰。在这些木构身上，看不见苟且和匆忙，读到的是从容，是材料和空间共同投射出的意义。

　　时下，很多祠堂仍然缺乏呵护。也许人们在内心斗争着，是否重建祠堂？于是目前祠堂的存留，并非为了保护，只是且当留着。或许很多人没有意识到，这种保

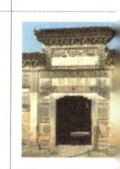

古建解读

下李村"恩荣—李氏祠堂"

竹桥村"仲和公祠"

辉煌的沧桑——金溪古村落群印象

158

合市村乌墩塘组"王氏宗祠"内堂藻井

"显明公祠"字匾

古建解读

  留，本身就是对祖先一种无上的敬畏。或许很多人没有意识到，这种对祖先的敬畏，可以通过保护历史建筑而传承。

  明代祠堂建筑的风采，在它神性的空间与气象，在它俭朴的精神与构件的力量。这些凝集了满腔虔诚、敬畏与真情的营构，这些时代浓缩的艺术珍品，正等着人们去解读，去品鉴，去洗涤浅而薄的认知，去感知它神性的力量！

（供稿：王炎松）

质朴的信仰　心灵的憩园
——金溪古村落解读之村庙

波源村文庙和武庙"庙宇连珠"
("将军庙""文华阁""社公殿"多庙一体)

辉煌的沧桑——金溪古村落群印象

　　金溪古村落中有一种凝聚村民深信不疑的乡土精神的小规模建筑——村庙。它寄存着村民质朴的信仰，是乡民心灵的憩园。

　　村庙是民间坛庙的一种，主要的功能是祭祀，祭祀某个特定的神灵。村庙也包括土地庙，其建筑一般是普通的小庙，偶尔也有大庙。民间自发兴建的多为小型建筑，高度从2米不到至正常房屋高度，造型也各异。

　　我国民间历来有敬奉"土地神"的习俗，土地庙是我国分布最广的祭祀建筑，在各地乡村都有分布。金溪乡民称"土地神"为"土地公""社公"或"社公老爷"，称土地庙为"社公庙"或"社公殿"。每到逢年过节、祭拜祖宗之前，村民都会先祭拜土地公；每逢小孩满月、周岁、升学、上任、婚嫁等喜庆事都要抬着猪头、鸡鸭、瓜果等来供奉；遇有疑难事也会前来祭拜，祈求"土地公"消灾解难、保佑平安。

印山村"山东庙"

邓家村"灵顺寺"

浒湾镇"观音阁"

孔源村"社公庙"

古建解读

161

全坊村"通天祠"

竹桥村"锡福庙"

　　村庙一般设置在村口的位置，甚至孤立于村外，在旷野山水间，真实再现着"旧时茅店社林边，路转溪桥忽见"的秀美田园风光。或者可以通俗地说，村庙是帮助一个村落守门的，保佑一方平安！现撷取几例金溪村庙，以品读其深蕴的乡土情怀。

　　竹桥村"锡福庙"，位于村口四人合抱的老樟树下，"锡福"也许就是"赐福"。过去每到八月秋收后，村民便把庙里的神迎出，家家户户宰牲祭祀，并将神请到中门楼，搭建戏台排演七天七夜的木偶戏，以此娱神，答谢神恩。

　　曾家村"仙师殿"，供奉的是"八仙"之一吕洞宾。为明末建造，位于古道边上，古木古藤交织的浓荫，渲染出神秘幽深的氛围。

　　下宋村"玉泉行宫"，孤立于村外的一组建筑，为供奉关帝的村庙。正大门门楣石板上用颜体镌刻"玉泉行宫"四字，房檐瓦下为一排大小一致的石雕宝瓶，每个瓶身雕花与瓶内砖雕插花各不相同。

东源村"仙师殿"

下宋村"玉泉行宫"

蒲塘村"铜峰庙",供奉的是广为传颂的金溪本土民间神仙徐祥可（困默真人）。其为民造福,驱瘟降魔,祷雨则应,深受乡民景仰与传颂。

东源村"豢灵护应"古庙,豢指家养牲畜,灵指道长仙灵,护应是指守护、保佑平安之意。它是专门、单独为家养牲畜设立的道观,难得

蒲塘村"铜峰古庙"

古建解读

163

霞麓村"社公殿"

秀谷镇"水门庙"

"夅灵护应"古庙

辉煌的沧桑——金溪古村落群印象

一见。

　　县城秀谷镇"水门庙"，坐落在胜利路水门巷，有小溪流经庙门而得名。其祀祭的不是神佛，而是被邑人称之为"佛老爷"的青蛙使者，俗称"蛤蟆菩萨"，绝无仅有。

　　霞麓村"社公殿"，造型独特，基座为罕见的正六边形结构，整个建筑形似碉堡或宝塔，端庄大气，巍峨峻拔。

（撰稿：郑小文）

寻访金溪"古文明"

　　2015年，有幸参加了金溪县人大古文物考察小组。我们一行六人像梳篦子一样，梳遍了全县的每一个自然村落。

　　夏天强烈的日光没有使我们有丝毫的畏惧退缩；废村落里荆棘蒺藜也未能阻挡我们不倦的脚步。每当发现有希望铲出字来的模糊匾额，考察组成员便借来梯子登高墙，舞铁铲，使旧匾额在阳光下重现真容。石灰盖白了他们的头脸，飞进了他们双眼也毫无怨尤。我们雀跃着，捡拾起一块块在"文革"中被掩埋了的文明！那些失落的、残缺的、存疑的，考察组成员更是找村民处处去打探，跋山涉水，走村串乡，披沙拣金，海里寻珠，穷根究理……

古建解读

公塘古村"恩荣—恭政公祠"

工作人员清理门庭
上被白灰遮盖的字匾

　　这工作是给人激情的！我们一路考察、记录、摄影，一路心潮起伏，浮想联翩。

　　在石门乡石门村，我们看到一门额石上有"培兰居"三字，便联想到竹桥村的"培兰植桂"，上李村的"出悌入孝"，郑家村的"祖德宗功"……我们祖先无不注重对后代子孙的道德教育与人才培养，"修身、齐家、治国、平天下"。因而，金溪一代代才有了"德星咸聚"（杭桥村门匾字），才有了"腾蛟起凤"（涂坊村门匾字），才有了今日的异彩纷呈……

　　在上东漕何家，我们一进门楼便见"卿相里"三字醒目照人。寻访当地老者，告诉我们，其祖上何宗彦曾是朝中宰相。我们在该村的另一方门楼上又发现有"紫阁名家"四字。《幼学琼林》曰：紫阁乃"台辅，三公也"。当年，何宗彦高中进士虽是在湖广随州，但他乡贯却是金溪东漕，凿凿石

白沿村横源片"适吾庐"字匾

里詹村"鸣峰挹秀"字匾

刻并无虚妄之词!

　　金溪的确一直是公卿宰相的故里。南宋旸田枢密副使邓清溪,明代新田武英殿大学士吴伯宗,大耿礼部尚书徐琼,学前街王英,靖思宰辅蔡国用……他们正站在历史隧道的那一端,向我们颔首微笑,似乎在感谢世人还在念叨他们。

　　"一举首登龙虎榜,十年身到凤凰池。"我们一路走去,发现金溪这块钟灵毓秀之地,"进士第""大夫第""文林第""儒林第""翰林第""州司马第"等石刻题匾比比皆是,还有那一座座门楼、牌坊、宗祠……它们厚积流光,它们遗韵飘香!历尽沧桑后,全县这样的"古文明",村村落落里到底还遗存有多少?

　　走进尚庄村,一块阳刻行书门额"凤林起秀"悬在券门上,字字笔锋飞动,

工作组成员在公塘古村进行古建勘察

十分秀媚，身为中国书法协会会员的周组长也不禁为之击节叫好。当年有能力书写字匾的人无不都是社会精英、地方乡贤，倘若能把这千年匾额"墨宝"都留下来集结成册，从书法艺术角度上来看，也定是一本可供后人欣赏临摹的上好碑帖。

一路走访过来，有不少热心村民向我们侃起家乡的掌故。

后车（jū）村一位老者讲述：五代后周时，屯田员外郎何辉看到国运气数将尽，欲辞官回归故里福建，于是奉旨顺路护送太后孟氏车辇直奔福建邵武。路经该地，孟氏不幸染病身亡（一说被宋军追杀了）。何辉便将太后厚葬于此地南山。他不忍离去，便在山下河边住下来，节衣缩食守孝终身。为纪念太后停辇之地，此地便取名后车。临死时，他再三叮嘱后代：要以此地为基，繁衍生息、勤于耕读、建功立业。果真，"后车一过开名里，宗谱千年系显人"。仅明清两朝，该村就出了三名进士。

我们也曾寻觅合市镇付家岭村旧址。足足两华里羊肠小径，我们到得山下，只见树木葱郁，竹林婀娜，却什么也没发现。随着曲径通幽，幽深处竟藏着一个格局严整青砖黛瓦的古村！打磨得平整光洁的板石铺就的巷弄还是那么俨然。该村村民是2012年才全部搬迁走了的。如今，一栋栋府第的青石门匾，刻有字的都被盗了，没有刻字的门匾还在那静静地守候着日趋倒塌的古居。据说，那门匾石上没刻字的，是当年建房主人家有钱却未有人获得功名，他们正殷殷期盼着后代子孙能高中得官，到那时再重镌门楣彪炳千秋。可是现在，整个村子屋舍依旧、池塘依旧、竹林依旧，却阒寂无人！像这样的荒村空巷在全县比比皆是。

　　金溪山水间那雨后春笋、秋夜繁星似的新村楼房正在全面取代旧日的古居"甲第"。改革开放后，国民经济在突飞猛进，普通人家的生活也胜过当年的土财主。三十多年前那种只求遮风避雨、果腹充饥的穷苦日子一去不复返了。时代在日新月异，谁不愿去奔小康享受现代富庶的物质文明呢？！

　　令人痛惜的是，那些几十代人创造的灿烂的"古文明"（这可是千年文化的积淀啊），曾在十年"文革"中遭受人为的大破坏，如今在改革开放中又遭到人们的冷落。你看，在琅琚镇疏口村，那栋罕见的粗大梁柱的明代建筑（据说原是明朝刑部右侍郎吴悌的甲第，其子吴仁度官职也是工部左侍郎），由于无人居住年久失修，前门巍巍的墙宇也已坍塌得惨不忍睹了。石门乡横源张家那号称有"九十九重门"的明代州司马府宅更是壁倒门毁破败不堪，总门楼前两边那对称的两棵七百余岁的古樟和两眼古井只能在那默叨着古村的荒凉……

　　"吴宫花草埋幽径，晋代衣冠成古丘。"听某乡镇干部说，倒了古屋的宅基地，将要逐步改成田亩耕地。沧海桑田，原正是历史的变迁啊！

　　留恋过去是永远没有出路的。然而，毁灭历史的辉煌也是历史的虚无主义。习近平总书记在谈话中多次提醒世人要继承传统文化的遗产，继承儒家道德的典范，历史文物更是传统道德教育活生生的教材。继承和发扬"古文明"的精髓，可是"中国梦"里的一笔重彩啊！

　　风雨迭更，生命演绎。

　　我们却也欣喜地看到，今天金溪仍是江西省名列首位的古文明县，近年金溪人民保护文物的意识也在不断加强中。前些年，乡镇就已掀起了村民捐资集资重修家谱族谱的热潮。在考察中，我们又看到石门熊家、横源张家、白沿张家、孔坊江氏等村竟动辄花五十万、百万巨资在废墟上建起了崭新恢宏的宗氏大祠堂，大门两侧也重新刻上古老的楹联。左坊米家明朝的"双名古寺"曾远近闻名，今天在废墟上又重新站起来了，还远胜昔日的壮观呢。未倒塌的旧祠堂等修葺一新的、重建门楼的，在金溪更是处处可见。它们现在也已成了村民的活动中心了。在疏口，村干部对我

们说，他们自己难于筹集巨款，却正在呼请前来考察的开发商们，愿意无偿献出村里的"文明"和地基，任凭他们在这里打造开发"古文明"旅游景点，让它和浒湾、竹桥、东源等连成一片……

"古文明"正在融入现代人的意识。可令人担心的是，它融合的步伐远不及它的消亡迅速。但愿我们的余热能变成它融合的催化剂吧，哪怕我们的力量微乎其微。

余已古稀，每每在夕阳余晖中，下乡寻访金溪"古文明"归来，力乏身疲，但想到自己老有所为，也便满足地感到老有所乐了！卒章兴未尽，且敲起韵律，作一绝句以自娱：

山韫玉珠川自滢，千秋铁砚写文明。

沙滩拾贝看童稚，七秩衰翁乐此情。

（撰稿：张德晖）

民间故事

金溪民间神仙——徐祥可的传说

金溪县琉璃乡蒲塘村是一个诞生过神仙的村落。

元代后期,这里出了一个神仙叫徐祥可(困默真人)。他为民造福,驱瘟降魔,祷雨则应,受到乡民的景仰与传颂。因崇拜徐神仙而产生的乡风民俗,从元末起一直盛行至今。形式上主要有农历正月初三给徐神仙拜年;七月十二为徐神仙过生日;九月十五迎神做戏,一连四夜,为娱神而演戏。在这些天中,金溪、临川、东乡三县都有人赶来朝神礼拜,路上行人川流不息,家家宾朋满座,忙于待客。铜峰古庙的爆竹声则从上午响到下午,又从晚上子时响到第二天辰时。可谓人神同欢,热闹非凡。

这是蒲塘村特有的文化现象,极为罕见。

徐祥可,讳仁馨,字祥可,号困默真人,出生于元代延佑七年庚申(1320)七月十三日。其相貌丑陋,卷手,一足偏缩,七岁始能说话,八岁已见奇异,九岁携杖履石与群儿戏于铜峰,至今遗迹尚在。天性至孝,十岁父卒,哭哀三载。与诸兄弟相友爱。常显奇异,但从不谈任何神仙飞升黄白之事,只寄意湖山,云游区宇,往来闽粤,捍患御灾,振困扶危。乡里遇有水旱疾疫,凡有所求必能解救。其传说故事广为流传,人皆视之为铁拐李仙转世。祥可43岁时仙逝。卒后仙异事迹不断。

蒲塘村村口门楼景观

永乐十五年丁酉（1417）仲夏大旱，蒲塘民众又求助于囷默真人，特在铜峰古庙建坛，请真人神主而祀之。囷默神主牌位才登坛，天即降大雨，并且连下三日，"各乡稻不遗种，环境十里共庆丰年"。此后，徐神仙正式入祀铜峰古庙，香火特盛，有求必应，在金溪、临川、东乡三县影响极大。人人皆知蒲塘有"徐神仙庙"，灵验非常。

村口门楼牌坊

祥可父庭诗，母刘氏，其本人娶妻龚氏，生子孟清，均为普通百姓。徐祥可由实有其人的普通百姓而成呼风唤雨的真人神仙，确实是不可理解的奇事，族谱称其为"仙由天授，不借修炼而成"。事或有虚，人却实有，这种人才可谓千里不遇、千载难逢。这一文化现象，不是简单一句"封建迷信"就可抹杀得了的，值得后人考察研究。

徐神仙的故事在蒲塘家喻户晓，妇孺皆知，流传不衰。今撷取数则，以飨读者。

饭生饭熟

祥可小时，常至野外大哭而归，人问其故，答曰："我自有感尔。"一日，婶母雷氏蒸饭，小祥可问："与吾食否？"雷氏故意不应，祥可说："不与吾食，饭不得熟。"雷氏从早晨烧火到晚上，饭果然不熟。祥可又来问，婶乃曰："与尔食。"祥可说："既与吾食，饭已熟。"视之，果然。此后婶母始爱重祥可。

竹管车水

祥可父亲卒后，叔父一日命祥可到友桥车水灌田。叔父出去检查时，发现祥可在山上乘凉，怒曰："命尔车水，为何在此躲懒？"祥可说："荫田不用车水。"带叔往田一看，见祥可用几根竹子接成水管，一头插港，一头在田，水从竹管中源源而出，清水已满丘矣。

铜峰招雷

祥可与小伙伴在铜峰砍柴，忽遇雷雨，众人命祥可驱之。祥可恶作剧地想吓吓

民间故事

神仙堂

大家，便跳起来，振臂一呼，招来雷声更大，轰隆轰隆响了半日，吓得大家躲在山那边不敢动弹。后来此地人称"雷公寨"。

邵武观灯

至正元年（1341）正月十五，祥可问群儿去不去杭州看灯，众人羡慕邵武珠灯之胜，祥可说："那就去邵武吧。"但令群儿闭目，遂觉两腋生风，如腾云驾雾。未几到邵武，在某某姻亲家中盘桓尽兴而返。瞬息千里，归时夜未央也。众问祥可："你是仙家吗？"祥可说："偶试法术耳。"群儿中有一人生性狡猾，祥可将去观灯之前叫他伸出手来，于其掌间画一枚铜钱，对他说："需用时以舌舐之即可得钱。"返家时，其人悄悄睁开眼睛，想看个究竟，忽便坠地，只得步行，走了一个月始到家。人问："路上吃什么？"其人说："靠祥可画的钱，舔一下即可得一个，用这钱买吃的充饥。"

蒲池斩蛟

祥可19岁时，豢养了一匹蛟龙于蒲池，但该龙不听驯，祥可便下水斩之。龙化为石，今仍横亘于池中，村人谓龙石，水干可见。后祥可34岁时，游峨眉，经叙州遇蟒蛇害民，亦飞剑斩之。

抚郡澍雨

至正二年（1342），抚郡大旱，自春至秋不雨。郡主杨益延请法师祈雨，久不获，于是敦请祥可到抚州城，另起一坛，应期澍雨。郡主及抚民大悦，特作"法力回天"匾赠之。

插杖成井

一日，祥可与村中老者同坐北门。一老者云："此处若得一井，方便当。"祥可说："这不难！"即以杖插地，顷刻而井成。人称之为"神仙井"，至今犹存。

金陵救书

至正十一年（1351），祥可游金陵，盘桓于金溪人开设的"世德堂"书铺。忽见一人须发皆紫赤，往来街上，祥可随之暗问曰："星君下界何为？"火神知其亦仙，直言相告曰："吾奉帝命来焚金陵。"祥可忙求曰："帝命虽不可违，但恰好被我遇见您，幸为开恩。"火神曰："人心侥薄，帝震怒发旨，我岂敢不遵天命乎？"祥可曰："固然是矣！然我在之书铺，万望曲全。"越三日，金陵多处着火，唯书铺无恙。时有窃闻二人对话者，初不信，及火烧起，方知二人皆仙也。

又一年七月望日夜，祥可与诸弟侄家中闲坐，忽起身取水向西北倾泼。众人问其故，曰："省城着火，吾救之。"不久，有省城来者告曰："七月望日夜，星月皎洁，南昌进贤门一带着火，延烧三十余家。火势正炽，忽大雨自东南而来，将火淋灭。"真人救民之事不胜枚举。

以茅担石

某年，有人见祥可与二位仙家在距蒲塘15里的水坑源山试法。一仙以渔网兜风，一仙以菜篮提水，祥可便拔了一根茅草，挑起两块巨石。后来此山改名"茅担石"。有人诗咏此事曰："山下一石遥相向，突兀嶙峋不可状。闻道真人一担担，青山绿水两头放。"

村民家中供奉的神牌

民间故事

拜封真人

至正二十一年辛丑（1361），祥可 42 岁，天下大旱。元顺帝（惠宗）颁诏曰："有能祷雨者，不吝封爵之赏。"徐祥可乃到京师，沿街叫卖雷雨风云，官员闻听即告顺帝。顺帝筑坛请祥可登坛求雨，果然，大雨立应，远近沾洽。帝大悦，即授其"大都（北京）总管"之职。祥可不拜，坚辞。于是，顺帝赞其"道参造化""气妙真元"，下诏封其为"玉府雷师真人"，祥可拜受。

端坐而逝

至正二十二年壬寅（1362），祥可真人 43 岁。二月三日，跪告母亲刘太君曰："儿本上界神仙，今劫运已满，当回天上。然母子家人常可得见，保无异也。"又同样告知妻龚氏、子孟清。之后沐浴，冠带，焚香，端坐而逝。葬龟山祖茔旁。未久，有人见祥可在郡城抚州，告之其家。家人启圹视之，唯一空棺耳。

本年六月，祥可母亲七十大寿。真人归家，拜寿后即欲去，母泣曰："今一去，不知何日再见？"真人遂以二宝（难香与指甲）付与母收，曰："若遇大难，焚熏二宝，儿即至矣。"言毕，腾云而去。

铁壁铜城

元末，天下大乱，陈友谅部占据抚州，分兵四掠。恰临川县王某与蒲塘徐族有怨仇，便带陈部来残害本乡。族人侦知非常害怕，祥可母亲即焚难香，熏指甲，果然真人即至。刘太君曰："寇将为虐，尔要保全族属。"祥可曰："母勿忧，儿能退之。"

蒲塘风光

后几日寇至，远望蒲水西池直如黄河巨浪，阳峰斗岭俨若铁壁铜城，里面旗帜飘扬，铳炮不绝。陈友谅部下惊恐万状，赶忙逃遁。蒲塘四乡得以保全。

洞庭显灵

祥可卒后一年，腊月岁尾，金溪在外经商者租船返乡，在洞庭湖之神灵矶遇见祥可，也搭上租船。祥可说："今夜我来代替船老大操舟，可让大家赶到家过年。"众皆不信，祥可诫勿窃视。众人后来唯听满耳的风声水声，天未明，则舟已至抚州之浒湾矣。众人又惊又喜，匆匆告别回家过年。正月初头，大家相约到祥可家来拜谢，乃知公已去世一年矣。后来人传庐山巨石上有真人行舟之迹，桃花岭上有真人鞋迹。

临川商人周子和，平日礼敬真人，一次乘船在三峡溺水，忽见真人凭空而下，拉他上岸，船与所载货物无一遗失。

武夷蜕身

元至正二十六年丙午（1366），金溪邑庠生周迪，游武夷，遇真人。二人旧有交谊，相互劳问。真人随手指曰："吾今在此山岩中栖息也，明天可来相访。"次日，周迪至，见岩洞中有仙人蜕身三座，中间一座乃玉府雷师徐真人也，乃知真人仙蜕于此。后来金溪黄殿士先生游武夷，见某洞有仙蜕五座，中则困默真人。土人拜之，有求辄应。嘉庆二十年（1815）蒲塘人徐澈游武夷，特请当地土人引登黄卓峰"三仙洞"，窥见洞内三座仙蜕，如品字形：一为刘仙，一为王仙，一为徐仙（即困默真人）。

风雷葬母

洪武二年（1369），徐祥可之母刘太君卒。发丧时，柩至西畈鲫鱼背堪，雷雨大作。送殡及抬棺八仙均不能前行，只得暂放棺柩于堪下，回家躲避雷雨。次日早晨，风停雨歇，人们往视，则已成一大坟茔矣。人们都说："这是徐神仙风雷葬母，不能迁动。"此坟未经石砌，人牛践踏，虽越数百年，其高如昔。

收回二宝

真人母亲逝后，婶母雷氏收存二宝。一日家失母鸡一只，雷氏焚熏二宝。真人至，婶以失鸡之事告之。真人笑曰："侄在天宫自有职掌，岂能为此屑屑小事往来尘世乎？"遂收回二宝。此后人不复归，但显应之事历代不绝。

铜峰古庙

鼻涕粘碑

乾隆丁酉（1777）秋，刘太君墓碑断而为二，其上面一段侧卧于地。有人搬起安放回去。没几天，人们发现，墓碑居然联合为一，虽前后接缝宛然，但不管用多大的力推之，亦不能动。人们传说，这是某日风雨之夜，徐神仙下凡来拜祭老母，用鼻涕把这块断碑粘接好了。后人有诗赞曰："风雷葬母孝神仙，芳草掩拥古亭前。涕接石碑今尚在，长留胜迹后人瞻。"

花园焚妖

光绪七年（1881）秋日午刻，雷毁本族花园山巨樟一株。后族人乩之，真人乩示云："吾与众仙会饮太虚，望见旧族氛气射斗。吕仙几欲飞剑斩之，吾曰，'毋庸污兄慧剑。'即遣五雷焚之。"

真人乩示，时有诗意，如："梅花红儿树，芳草绿盈阶。寻香多妙趣，咫尺笑颜开。""何事三春积雨多，一篙春水涨春波。凭栏观涨描春景，快意春和唱此歌。"其热爱家乡、眷恋故土之情，溢于言表。

（整理：熊之裔）

文天祥吟诗蟠龙庵

公元1278年秋天，为了联络各地义社义军合力抗元，文天祥带着护卫康元和吕平，从泸溪翻山越岭，进入金溪的古寨——黄通。

这是文天祥第二次来黄通了。

头一次是在三十年前。那年，文天祥出庐陵，入盱江，雇舟东下来此游学，为的是这里的邓家村有一个名闻遐迩、令金兵闻风丧胆的"邓氏义社"。一匣《忠义世家》的邓氏宗谱，显显赫赫的满门文宦武烈，几十年来一直牵动着文天祥的心。

那次来黄通，文天祥就曾经寄寓在蟠龙庵内，与住持僧智尚大师论古谈今。

文天祥一行翻过玉马岭，来到黄通的外围，正是夕阳西下的时候。四周林幽风静，苔滑鸟鸣，云林山脉的千山万壑，枫叶流丹，松针滴翠，一派神奇的恬静。望着旧

民间故事

邓家村"忠义世家"牌楼

貌依稀的古寨，文天祥不禁诗兴勃发，放声吟哦：

> 昔年曾寓此，今日又重过。
> 路迂人迹少，风静鸟声多。
> 断碣封苔藓，层松覆薜萝。
> 日斜天欲暮，谁与挽金戈？

"禀丞相，蟠龙庵到了。"走在前面的护卫吕平一声禀报，把文天祥从诗境中惊醒过来。"知道了。你可按原计划速转道进寨联系，我和康元在蟠龙庵内等候你的佳音。"

"遵命。"

文天祥在庵内徘徊，等候消息。忽听到隐约传来一阵"丁零当啷"的金属撞击声，间或和着几声沉闷的喊杀声，过了一会儿，又听到了雄浑的歌声："云林三十六峰高，峰下民兵著战袍。义士惯排蛇鸟阵，名宗旧有豹龙韬。为御敌虏侵宋室，赤胆忠肝保我朝……"

那是排阵的歌，文天祥前次来此就学唱过，今天听来，更感到亲切、振奋。他取下挂在壁上的龙泉宝剑，跨出厢房，步出大厅，在月色中拉起架势，急速地舞起剑来。

"丞相，吕平回来了。"一直在庵门口等候的康元禀报道。文天祥一个收势，停住舞剑，惊喜地望着吕平。"禀丞相，山寨义社派父老代表恭迎大人来了！"

"快快迎请！"

文天祥与众父老促膝环坐在大殿内，静听义军教习讲述他们抗元入侵的悲壮情景：

云林风光

贼寇进犯之时，身高九尺、长须过腹、膂力绝伦的邓刚，于阵前横刀赋诗："鼾睡不容临卧榻，今朝王业岂偏安？寸丹拨转乾坤定，要使贼人心胆寒。"然后挥刀向贼寇劈去。元军纷纷倒退，摔落山崖……

小坪邓家村遭元兵突袭，邓敏妻陈氏偕村妇十余人面对贼寇，不甘受辱，同声戟手骂贼："宁与草木腐，不同禽兽栖。"……被贼寇全部杀害。

义军教习长髯飘忽，声如洪钟，文天祥觉得十分面善耳熟，仔细一看，原来是当年蟠龙庵的住持僧智尚大师。文天祥道："怪不得蟠龙庵空空如也，想不到住持您已还俗了。"

智尚大师道："当年我因家破而入空门，如今眼见山河破碎，生灵涂炭，家国之恨，皆因元兵入侵。出家人无家，可还有个江山社稷之国啊！此时此刻，谁还能贪守空门寂寞，六根清净呢？因此，我便回返凡尘。承义社兄弟厚爱，推我做了义军教习。"

文天祥听罢，大为感叹。他向大家讲述了各地义军的抗元情况，最后说道："同胞们，元兵入侵，荼毒生灵，把多少殊途人逼到一起来了！山河虽破，东南沿海尚有力扶宋室的陆秀夫、张世杰等人。而今，抗元的大旗已高高举起。我文天祥打从金殿斥奸佞，请斩宦官董宋臣那时起，早将身家性命交付国家了。收复金瓯，全靠我们合力同心！"

众人精神大振，齐声答应："有丞相领头做主，我们誓以收复山河为己任！"声音如洪钟鸣响，震动蟠龙庵大殿，在黄通古寨久久回响。

（采录：蔡邦光）

黄通白马岭

竹桥民间传说二则

一、竹桥总门楼的传说

古代江西有个著名的风水先生叫廖禹,人称廖禹先。他听很多人传说,金溪县竹桥村有个余文隆夫人,为人慷慨贤惠,待什么人都如亲人一般,不收一分钱招待过往行人茶饭,真是千里难遇!廖禹先不信。这天,他特地来到竹桥村想一探虚实。

太阳快下山了,文隆婆婆从田里劳作回来。廖禹先扮作一个过路人来到她家,说没吃午饭,又饿又累,要讨口水喝。文隆婆婆一看,连忙说:"客官,天也晚了,你若不嫌弃,就在这里歇一宿,招待不好,你也就别计较了。"婆婆安顿好廖先生,心想:家里实在拿不出什么好菜,就把那只老母鸡杀了吧。但晚饭婆婆只煮了鸡头鸡脚,打算把鸡肉留给客人明天路上吃。廖禹先明明看见婆婆杀了鸡,却只吃到几块鸡头鸡脚,心里很不痛快,心想:人言真不可相信,这婆婆分明是假仁假义!

次日,文隆婆婆很早就起来煮饭,用竹筒做的"路菜筒"装上米饭,中间放进

竹桥总门楼

那些鸡肉鸡腿,上面又盖了些腌菜,这样客人就不会推逊,可以坦然地带在路上吃了。

廖禹先起床后就要走,他想尽快离开这里。文隆婆婆赶快把装了菜饭的"路菜筒"递给他。廖禹先推逊一下也就收了,心想:还不是假仁义而已?!走到黄婆冈时,廖先生有些饿了,他打开竹筒见上面净是腌菜,冷笑一下,把菜筒一竖,饭菜全泼了出来,那肥肥的鸡肉、鸡腿泼得满地都是。廖禹先一下子惊呆了,刹那间明白自己看错了人,以小人之心度君子之腹。他非常自责:人家一个老婆婆与你一不沾亲,二不带故,那样款待你,一只鸡自己硬是一块鸡肉未吃!他大受感动,决定即刻返回竹桥,向婆婆道谢,再帮她看看风水,要让她这样的好人世世代代兴隆发达才是。

廖先生回到竹桥,老老实实把自己的想法对婆婆说了,祈求婆婆谅解他的无礼。文隆婆婆真诚地回谢说:"先生不知,我们竹桥人是真心待客的,从来不光嘴上讲得好听。竹桥人经商也好、作田也好、读书也好,都讲究做人的品德,做人要本分,不亏心,不图什么回报。先生不用费心,还是尽快赶你的路吧。"

廖先生更受感动,也不答话,背着手村里村外溜达了一遍,仔细地观察了这里的地理风水、山川形势,然后拿起文隆婆婆给他坐的那把太师椅往村口一放,交代文隆婆婆说:"婆婆,你去对村民讲,就在这个地方,按照这把交椅的方向,建个全村总门楼,包你竹桥村以后发千烟,代代出贵人!"

廖先生走后,文隆婆婆请来村里三老商议此事,决定集资做门楼。但他们不知道,刚才一头水牛往那里经过时,挪动了交椅,移动了交椅的方向。门楼建成后,廖禹先特意赶来祝贺。他一看门楼的方位和他原定的有些变化了,追问之下,才知道被

民间故事

竹桥古村概貌

183

水牛蹭动而改变了。他当即对竹桥村民说："这也是天意吧！竹桥就这个福分，大官出不了，小官代代有，人上千丁不会少。"

故而，可发"千烟"（即一千户人家）之地，变成了现在的"千丁"（一千人口）之村了。

（余运中供稿）

二、竹桥神偷趣事

大千世界，无奇不有。竹桥出了不少名儒、商贾、学士，也还出了一个时迁式的人物。不过这个"梁上君子"给自己定了条规矩：偷外不偷内、偷富不偷穷、偷恶不偷善。而且将偷得的钱财分给穷弟兄，自己仍过着清贫的生活。盗亦有道,也许,这就是他的"贼德"吧！这个人就是众人皆知的"贼头头"余炳魁。

据说有一天上午，余炳魁邀了几个相好到一个朋友家去打牌。一会儿，这个朋友说："炳魁，都说你偷东西在行，今天试试你，你能不能露两手功夫给大伙儿开开眼界？"

炳魁说："行！就出出丑。你说，偷什么？"

朋友说："你继续打牌，不离桌，不弯腰，不能听到鸡叫，你能偷到我家的鸡吗？"

竹桥中门楼

"七星伴月"塘

炳魁说:"这有何难?!如果偷到鸡怎么办?"

朋友说:"如果偷到了鸡,这只鸡就宰给你吃。"

炳魁说:"说话算数?"

朋友说:"算数。一只鸡算什么!"

炳魁说:"好!叫你老婆烧好水等。"

于是,几个人继续打牌。

快晌午了,几个牌友都说,吃过午饭再战。炳魁说:"我一个人吃不了一只鸡,大家一块儿吃。"说完,只见他解开胸前衣扣,从怀里提出一只活蹦乱舞的鸡,说:"水烧滚了吗?杀鸡。"朋友一看,果真是自家的鸡。

几个牌友都看傻了眼,说:"你一没弯腰,二没离开桌子,更没听到鸡叫,鸡什么时候到你怀里去了?"

炳魁说:"有鸡吃就行,莫管闲事!"

这就是竹桥"鼓上蚤"的趣事。据说他能不动声色地把鸡"箍"来,鸡到牌桌下面时,他用脚即能抓住,且制住鸡的穴位,鸡不会发出一点声音。然后他以极其敏捷的、迅雷不及掩耳的手法,藏鸡入怀。难怪众人都要大惊,觉得太不可思议了。

(余直平供稿)

"清谨宰相"蔡国用的传说故事

蔡国用（1579—1640），字正甫，号静原，明朝金溪县石门乡靖思村人。自幼聪颖，少年入郡学读书，发奋用功，学问日进。明万历三十八年（1610），31岁的蔡国用考中进士。初授中书舍人，后升山西道御史，上疏有关治国的七条政见，其后改调福建道御史。时值宦官魏忠贤专权，肆无忌惮。天启五年（1625），蔡国用上疏十条陈时政，言语痛切，触怒了魏忠贤，魏忠贤矫旨夺其官。

崇祯元年（1628），蔡国用被起用为浙江道御史，提督应天学政。之后调任大理寺丞、少卿；后来升太仆正卿，晋工部侍郎。崇祯十一年（1638），特晋礼部尚书兼东阁大学士；后进太子少保，改吏部尚书，累加户部尚书、文渊阁大学士、武英殿大学士。崇祯十三年（1640）六月，卒于任上，享年61岁。崇祯帝特赠太子太保，

"蔡氏家庙"内堂

"蔡氏家庙"柱石

蔡国用彩绘肖像和明朝廷御赐
的"清忠端亮"横匾（复制品）

谥号"文恪"，诰授光禄大夫，赠上柱国，并派行人司护送其灵柩归乡安葬。

蔡国用在朝廷任职时，明王朝已内外交困，战乱频仍，风雨飘摇，大厦将倾，措制无方。但其为官清廉谨慎，不畏权贵，朝野中声望口碑甚是不错。现在，靖思村蔡氏家庙里张挂着后人彩绘的蔡国用肖像和复制的明朝廷御赐的"清忠端亮"横匾，其传说与发奋读书的故事，也至今仍在村民口中流传不衰，激励着一代又一代乡民学子，使得该村数百年来文运昌盛，崇书尚读，儒风代起。

星辰入梦

蔡国用之父名际春，号后冈。兄弟四个，即祯、祥、永、祚四大房，后冈公是祥房。他们兄弟早年丧母。后冈公是一个孝子，尤为竭力侍奉父亲。在家庭里，他们兄弟极为和睦，兄弟如果负债、困难时，后冈公会代还；兄弟们的子女，被视作和自己生的一样，请师设塾，教育后辈。在社会上，舍棺、施药、施粥、施衣，行善积德，救济贫困。

后冈公娶妻吴太夫人，年近四十，尚无孩子。在过去，人们只有求神拜庙，保佑生个儿子。终于，万历六年（1578）秋，蔡国用的外祖母梦见一颗星辰入女儿之怀，

蔡氏家庙

吴太夫人从此怀孕。万历七年（1579），蔡国用应梦而生。大多数乡民都认为他是文曲星出世，日后必有大出息，定能光宗耀祖。后来，他果然不负众望，成为靖思村历史上的一代名人。

邹氏夫人赤脚过河

蔡国用小时候，乡亲们都认为他是一棵优秀的苗子，然而三十岁仍未中举，屡试屡败。在古代，成了家的读书人若没有中举，不能在家闲住，只能设馆教书谋生。据说，河对岸的邹家村有位邹员外，家中甚是富裕。那时蔡国用二十几岁，正值青春年华，邹员外替他张罗，请蔡国用在邹家设塾教书。有一年，邹员外建房，房子建好择日上梁，请地师选个好日子，可是这个日子却是犯红、黑煞。地师把这事告知了邹员外，并叫他不要着急，自有文曲星会出来化解，定会逢凶化吉，到那时，就知道哪个是文曲星了。

当喝上梁酒的时候，先生蔡国用也被请来喝酒。他告诉东家老板：刚才有一红脸、一黑脸的两个人前来这里闹事，说是你得罪了他们，被我劝解，已打发他们回去了。地师听说后，认定他就是文曲星，将来一定会飞黄腾达，劝邹员外赶紧把女儿嫁与蔡国用为妻。蔡国用因自家贫穷，不敢接受这门亲事，但由于邹员外的诚心和地师的极力促成，他便答应了这门婚事成了家，邹员外之女就是邹氏夫人，后来被诰封一品夫人，此为后话。当时，邹员外很是看得起这个女婿，蔡国用家的生活费用全是岳父送来，但邹氏夫人却嫌贫爱富，看不起没钱的蔡国用。

　　过去，靖思村一带水运发达，村里有街坊店铺，村西还有泊船的码头，过往商贾云集，常常到村里歇脚投宿，颇为繁华。相传，蔡国用常常蹲在码头上读书，这令妻子邹氏很不高兴。蔡国用常对妻子说：我肯定能中举。邹氏却不屑地说：你若能中举获取功名，那我就打赤脚蹚水过河回娘家，永不回头。嘿，还别说，1610年蔡国用果然中举，高中进士，报子前来报喜。邹氏夫人得知后，便真的从后龙山赤脚过河，回到芦河对岸鸣山脚下的娘家邹村。当时中举要竖旗杆，蔡国用派人去请夫人前来拜旗，结果邹氏夫人没有来。以至蔡国用后来在朝中做官，她仍执意不愿回到蔡国用身边。此后也就再也没有回到过靖思，直至死后葬在靖思后龙山。

　　蔡国用贫者不坠青云之志，发奋苦读终获功名，有志气；其妻邹氏夫人恪守誓言，不改初衷永不反悔，有骨气。

　　这是一个多么励志、美丽而又伤感的传说啊！

（整理：熊之裔）

后车民间故事二则

一、刎岭与后车的名字由来

金溪县左坊镇后车村后有一座山岭,村民称之为"刎岭"。在刎岭之上有座古墓,据说是五代后周孟后之墓。

据传,五代后周时,屯田员外郎何辉看到国运气数将尽,欲辞官回归故里福建。之后不久,宋太祖灭后周,后周恭帝宠爱的妃子——孟后被逼出逃,跟随她做保镖的正是屯田员外郎何辉。他奉旨顺路护送孟后车辇。他们一行日行夜宿,直奔福建邵武。

为了不被追兵发现,他们避开官马大道,专挑小路行走。一日,一行人马来到金溪地界,太阳刚落山,正要找个地方歇息住宿。忽然,后面传来急促的马蹄声和

辉煌的沧桑——金溪古村落群印象

古建筑群俯瞰

"后车世家"祠堂

追杀声,原来是追兵到了。何辉连忙将孟后等人带到树丛中躲藏起来。孟后心想:追兵已经发现行踪,看来今日定难逃脱,若是被追兵捉住,后果不堪设想!我身为周后,岂甘受辱?于是,她步下凤辇,在山岭上一棵松树下拔剑自刎。

孟后死后,何辉悲痛万分,无心再逃,就将孟后厚葬在她自刎的地方。从此,这座山岭就叫"刎岭"。之后,何辉不忍离去,便带着自己的家眷在山脚下河边建屋造舍住了下来,节衣缩食守孝终身。为纪念孟后停辇驻车此地,故取村名为"后车村",何辉也就成为后车何氏的始祖。临死时,何辉再三叮嘱后代:要以此地为基,繁衍生息、勤于耕读、建功立业。果真,"后车一过开名里,宗谱千年系显人"。仅明清两朝,该村就出了三名进士。

二、何莘耕与谭延闿的师生之谊

何莘耕(1864—1937),字又伊,号介吾。年幼时,父亲口授以书,入耳辄不忘,九岁时五经已能成诵。他以颖达沉俊,诗文清拔被视为奇才,后弘搜博览,奥理悉通。光绪二十一年(1895)登乙未科二甲第30名进士,选翰林庶吉士,是金溪历史上最后一位翰林。散馆即用知县,告近改归近省即用,历任湖南溆浦县、善化县、湘潭县、攸县、平江县知县。

谭延闿（1880—1930），字祖庵，湖南茶陵县人，出身名门，幼承家学，天资聪颖，少年临池，颇有笔力，13岁就考入长沙府学。何莘耕以翰林外放湖南，谭延闿勤奋好学，自然不会错过向翰林投文请教的机会。何莘耕看过谭延闿的文章后，非常惊讶，如此年轻的秀才居然有这等雄浑笔力，赞叹不已。不过，何莘耕告诫谭延闿，文章峻拔自然是好事，但锋芒毕露，是科场考试大忌，多少俊杰因此而被阅卷官黜选。科举应试之文，婉曲为之，有利无弊；固持文风，长滞闱场，反而不利于施展自己治国重器的才华。谭延闿沉思乡试落第的经历，顿有所悟：迎合科场文风，只是权宜之计，并不损于自己的才名。

从此，两人就有师生之谊。闲暇之余，谭延闿总会登门请教，二人亦有书札往来；何莘耕也感慨三湘能有如此俊彦，更是对其青眼有加。

不久，谭延闿顺利考中举人，会试更是成为会元。他不仅文章好，字也写得极为漂亮，所以极有可能被点

后车古桥上的石柱

辉煌的沧桑——金溪古村落群印象

后车村概貌

"材伯公祠"内堂神台雕刻

为状元。相传,就在慈禧要下笔圈其名字时,发现谭延闿既是湖南人,且又姓谭,忽然想起那位令她最为痛恨的湖南籍"乱臣贼子"谭嗣同,谭延闿遂与状元失之交臂,成为二甲第35名进士。

谭延闿后来追随孙中山参加革命,先后多次主政湖南,出任南京国民政府主席、第一任行政院院长,成为中国近代史上的风云人物。谭延闿终生对何莘耕以礼敬之,以门人自称,主政湖南期间,即聘请何莘耕为高等顾问。有人劝何莘耕可以利用这层关系谋份优差,但何莘耕不为所动。1923年,谭延闿将拟寿文敬贺恩师六十大寿,何莘耕知道后,说:"子捍卫国家,允副所望,岂必以文为寿始尊师耶?"谭延闿遂未进寿文。

何莘耕独子何伯嘉,字鸣鹿,北京法政专门学校毕业后,追随孙中山、谭延闿参加革命,担任过江西省议会议员、大元帅府参议、军政部江西荣誉军人管理处主任军法官等职。1933年,何莘耕七十大寿,国民政府主席林森赠寿匾"河汾耆宿",行政院长蒋介石赠寿匾"耆年笃学"并题七言诗一首。

(整理:熊之裔)

疏口"拂帚宝地"与"袈裟飞升"的传说

疏口古村位于疏山风景区内,其与疏山寺千年的文化积淀和历史传承在临川文化发展史上具有不可忽略的意义和相当重要的地位。

站在疏山顶上看疏口村,其形状就像一柄巨大的佛家法器——拂尘,故人称疏口为"拂帚宝地"。村子形如拂尘,是自然天成的巧合还是古人刻意为之?如今已不得而知,但与之相关的倒是有一个"袈裟飞升"的有趣传说。

据《疏山志略》载:唐大中年间(847—859),有个叫何仙舟的人,弃官隐居于疏山,建"仙舟书屋"于山间,读书著述于其中,后人因而称此山为"书山"。后来有个叫吴熊的人从南丰金斗窠过疏山,因爱其地而定居下来,此地遂称"疏山庄"。

时年有一矮僧(因个子矮小,人称"矮僧")自山中出,他每餐进斗米而不饱,多次化缘乞食于熊公。吴熊使人视之,"僧坐石上,雨旸不沾其身",熊公甚异之。后此僧复求熊公舍给他一袈裟之地以安禅建寺。熊公心想:"一袈裟地"能要几何?

疏山寺正殿

遂许之，且应僧之请，立字为据。

　　孰知交接划地之日，矮僧抛掷袈裟飞升至天空，化为白云覆盖了吴氏疏山庄的屋宅、田地、山塘。熊公大为惊异。然古人重然诺，建寺礼佛亦为功德善事，吴氏熊公遂一并施与僧人，自己乃率族众迁至岭东北麓的"疏溪坪"定居，此即今天的疏口村，古时亦称"疏溪"。

　　因吴氏先祖的慷慨大度，疏山寺获得了吴氏疏山庄的全部山林田地，建起"白云禅寺"，后改名"疏山寺"，它有了一个长足发展的基础。后有文人作诗《袈裟地》以记之。诗曰：一览伽黎状，分条陇自弯。云霞铺锦绣，麦豆拥斑斓。稻熟金波丽，溪迥玉带湾。无情宣妙法，客至尽开颜。

　　吴氏族人慷慨的施舍深深感动了矮僧，故建寺时他曾发誓："疏（山）富吴亦富，

疏山寺大门

疏山寺

民间故事

195

疏山寺佛堂

疏（山）兴吴亦兴。"

吴氏先祖捐出疏山庄之后，村子迁于何处是个难题。白云长老（矮僧）是个得道高僧，他召集吴氏族众，立于吴家峰上，将手中法器"拂尘"往东北一抛，一道金光闪过长空，最后落在疏溪北岸。白云长老对众人道：拂帚落下之处，便是极宜吴氏定居的风水宝地。族人寻去，一柄奇大无比的拂尘赫然在目。于是村民大致依形建村，布局村落。此后，这里人才辈出，科甲鼎盛，到明代便发展成恢宏大族。

疏山与疏口文化底蕴由此积淀深厚，古往今来，名贤方外往来无数，留下了大量的美文佳诗、宏章丽句、口头文学、民间故事等，可谓洋洋大观，精彩纷呈，无不充溢着临川文化元素，成为临川文学中的瑰宝。如今的疏山寺是省级重点开放的大寺庙之一，疏山景区成为赣东重要的风景名胜，常年游人如织。疏山寺有门联"野渡无人流水急，疏山有主白云闲"，历来为文人墨客所称颂和推崇。

历史烟尘已杳，疏山白云悠悠。徜徉疏口古村，斑驳的古墙、幽深的小巷、泛黄的书卷……令人依稀可以触摸到历史的脉络，感受世事沧桑浮沉。

（整理：熊之裔）

陆坊青田桥"十二属相"的传说

"十里松楸翳薜萝,百年芳冢近嵯峨。山川几处还增重,草木滋生亦自多。道在生死真孟浪,教残风俗竟如何?瓣香尚拟归途拜,仰止高风下马过。"这是明代曾任首辅的贵溪籍大学士夏言拜谒陆象山墓后所作的一首诗《经陆象山先生墓》。

从陆坊村向高坊水库方向走3公里左右,即是青田桥村,村周一带即著名的"青田义里",是陆氏家族繁衍居住之地。村东有一老树,浓荫如盖,树下一座古朴石梁平桥静卧于青田河水之上。这便是"青田万福桥",是金溪县至今保存最完好的石桥。据传,此为陆氏后裔每日劳作回家途中必经之地。

该桥始建于明嘉靖十五年(1536),名广济桥。清代道光十年(1830)〔另一说法是道光五年(1825)重修完成〕,由金溪知县主事集资重修,一律用青色厚石铺砌,桥头还立有知县胡钊应邀撰写的"青田万福桥记"石碑。碑刻清晰如故,仅有少数字迹损坏。

桥上村桥上组"陆象山墓"

清道光年间，胡钊任金溪知县期间，百姓纷纷奏陈，青田桥年久失修，过往不便，多有老人、小孩涉水被淹。胡钊有心重修青田桥，但资金十分匮乏，当地乡绅筹建未果。时有抚州兴鲁书院教授周耀龙来金溪，胡钊知其乐善好施，便领周耀龙到陆坊东山岭祭拜陆象山墓。途经青田桥时，周耀龙见乡民皆涉水犯险过

青田桥

猴首桥墩

　　河，又闻胡钊欲修桥缺乏资金，便慷慨解囊，筹资3400贯将桥修好。修建工程由当地杨乡绅督工。

　　桥建好后，胡钊正欲为桥取名，但一时没有想到好名字。当时，有新娘出嫁路经此桥。修桥的工匠想一睹新娘芳容，便刁难新娘，不让花轿过桥。同行的族长恐误了佳期，便让新娘下轿子给工匠道了一个万福，又分别向东南西北四个方向福了一福。胡钊看在眼里，颔首说道："青田桥已有好名字矣！新娘福了万福，就叫万福桥！"

　　万福桥长60余米，宽2米，桥墩11个。为了减少水流的冲击力，桥墩面对水流的一侧呈尖角状，顶端雕刻成12生肖兽首。由于年代久远，风雨侵蚀，桥墩雕刻已经有些模糊难辨。因为桥墩只有11个，所以只能刻11个生肖，缺的生肖为牛首。

　　为何要少刻牛首呢？令人百思不得其解。据村里老人说，原来，当年知县胡钊修桥时，也为此桥桥墩而费了不少心思。一日，其在青田桥施工现场，看到不少水牛涉水过河，遂灵机一动说道："河里有如此多牛，桥面可减此动物也！"

　　青田桥在古时一直是官道要地，是古代赣东通往福建的官马驿道。据传，文天祥组织抗元义军时，为联络义社、争取兵源，就曾从这里经过。曾国藩亦曾亲率大军路过，在桥边驻军歇息。

（整理：熊之裔）

大耿民间故事二则

一、代代出榜眼

元篆水（即大耿属地双陈河，又名大港）之上游，原有一个村落，形似一只葫芦，河水直冲葫芦口。这个村有位大财主叫胥十万。胥十万很有钱，但是也非常贪婪。

一天，有个很有名的地仙（看风水的）来到这村，胥十万听后赶忙请他看地，吩咐丫鬟用金盆打水给他洗手，用银盆打水给他洗脚，并好生招待。但丫鬟见此人一副穷酸相，不但态度冷冷淡淡，还言语不恭，对其有所触犯。地仙心中大怒，想使该村倒霉，于是他假装热情地对胥十万说："你这村是块风水宝地，叫作：'水冲葫芦口，金银装满斗；水冲葫芦肚（当地土话读为'竹'音），金银堆满屋。'如果能改变水道，让水朝向葫芦底，你就更要大发了。"胥十万心贪，一心想让金银堆满屋，于是请来民工，改变河道。改道之水便绕弯即冲至大耿释褐山（又称麒麟岭）北麓。

"麟阁世家"门庭

古民居"文林第"

"积翠山房"字匾

龙形石雕窗花

地仙见状便来到大耿对村民说:"胥十万改河,对你们大利,叫作'水冲麒麟岭,代代出榜眼'。"谁知旁边有一过路的石匠应声却说:"代代出榜眼?出一代榜眼也就可以了!"撞口话是最灵验的!大耿后来果然只出了徐琼一代榜眼。

而胥十万的小村,因水冲葫芦肚下,不消几年就被水冲翻了,最终落得家败人亡,其村子从此也就荒败消失了。

(徐国华、徐国恭口述)

辉煌的沧桑——金溪古村落群印象

古宅大门庭

二、缘何不是状元郎

明代天顺元年（1457），天下举子云集京都，金溪耿阳（即大耿原名）才子徐琼日夜兼程，赴京赶考。一天暮经一寺院，徐琼疲倦不堪，进寺借宿。方丈明远大师久闻其才名，热情款待，对徐琼说道："凭借你的才华，此番科考，稳中状元！"琼回复道："托大师口福，得中必谢！"

第二天继续赶路，途遇一江，水波浩渺。正踌躇间，一红装少女撑舟而至，微启朱唇柔声问道："客官是要渡江么？"徐琼答道："欲渡银河舟不便。"大有男女授受不亲之意。未料此女心思敏捷，答曰："迟登金殿榜无名。"徐琼怕误了科考，便上了船。彼此问及身世，徐琼方知此女之父乃朝廷命官，因奸臣陷害，英年早逝，其母寻了短见。此女本书香世家，琴棋书画无有不精，见父母双亡痛不欲生，跳江欲追随父母，却被一善心渔翁救起，后随渔翁出没烟波，靠打鱼糊口。岂料风云不测，渔翁不久也丧身江中。此女复又孑然一身，生计艰难。

徐琼对她万分同情，见她明眸皓齿、粉脸桃腮、莺声燕语、吹气如兰，不觉心生爱慕。自己又未曾婚娶，便低声问道："此番赶考，若能金榜题名，汝能与吾长相厮守么？"此女听罢红云羞飞，垂首轻颔。上了岸，二人脉脉含情而别。

徐琼到京都，会试夺得第一。殿试前夕，突然听到红装女噩耗，说她惨遭海盗打劫奸淫，为不负郎君，呼"琼郎"之名跳江而亡。徐琼闻知泪如泉涌。第二日考场上，那少女倩影挥之不去，徐琼虽有生花妙笔也不能得心应手。张榜时名列第二，为榜眼郎。

徐琼返乡复经此江，哀思不已，祭奠良久而去。到寺院亦不见明远大师，却见大门背后写有一诗曰："红裙映绿波，织女渡银河。芳魂游水府，丢掉状元郎。"缘由尽知，不禁慨然长叹！

归至故里，徐琼撰写对联一副，寄期望于后人。联曰："宋祖居冠，明祖居冠，虽地灵还须人杰；贫家教子，富家教子，有榜眼岂无状元？"

（徐约福、徐国华口述，黄希圣整理）

全坊民间传说故事四则

　　民间传说故事是一种民间口头叙事文学，它由历史事件、历史人物及地方古迹、自然风物、社会习俗等有关的故事组成。

　　在民间传说故事中，故事的主人公一般有名有姓，其中有的还是历史上著名的人物；事件发生有具体的时间和地点，有的还涉及国家、民族的重大事件；而人物活动或事件发展的结果也常与某些历史地理现象及社会风俗相附会，因而，民间传说故事除了具有一般文学作品的普遍的历史性外，还和历史有更为密切的联系。

　　人们通过民间传说故事，述说历史发展中的现象、事件和人物，表达人民的观点和愿望。

一、孝子全大成割股救母

　　明万历年间，全坊村出了个大孝子，他叫全大成，是三松居士全楷的第二个儿子。全大成二十三岁那年，大成父亲生重病，他一连几个月，衣不解带服侍父亲，

村内古屋

直到父亲去世。此时，祖母胡氏年逾八十。他接替父亲，精心照料祖母，每天早晚，都要到祖母床前请安，问寒问暖，祖母稍有微疾，就立即请医来治。十一年后，九十一岁高龄的祖母才离开人世。

全坊宗祠"入孝""出悌"字匾

送走祖母后，母亲刘氏已六十一岁，身体衰弱，也常患病。大成对母亲关爱有加，不久，其母又患目疾，什么都看不见。这一下，吓坏了大成。他到处寻访治此病的良医。一天，大成听说远处有一位老郎中善治此病，于是，他迫不及待地把老郎中请到家中为老母治病。老郎中看过后，说有一办法可以一试。

送走老郎中，大成按照其授予的办法，每天早晚用舌头舐母亲的眼睛。几个月后，其母的眼睛复明如初。然而，真是祸不单行，没过多久，其母又染重病。大成急得四处求医找药，不分白天黑夜，照顾母亲，可是母亲的病始终不见好转。眼看到了冬季，病情日益严重的刘氏对大成说："儿呀，我的病好不了了，你就不要再浪费钱给我买药了。"大成跪在床前泪流满面地对母亲说："娘，你放心，无论想什么办法，我都要把你的病治好。"

此后，大成更加细心周到地服侍母亲。后来听人说，光吃药不是办法，须割股和药，方能有效。大成听后毫不犹豫地割下自己的股肉用作药引。说来也奇怪，其母吃了后，病情居然逐渐好了起来。就这样，在大成的精心照料下，其母的生命得到了延长，大成的母亲一直活到八十三岁才去世。

大成长兄大行谢世时，才三十三岁，留下一个女儿。大成不仅抚养侄女成人，而且拨出自己的田地给侄女做嫁妆。大成去世后，其事迹很快就传遍四邻八乡，并载入县志和省志。全坊族人还为他特别立一块"孝"字碑，以教育后人要以大成为榜样，孝敬父母和老人。

二、孝妇余玉英立志守节

清康熙年间，本邑上源村余聪作之女余玉英十八岁时嫁给全坊村全辅伯。辅伯应赠武德郎，随父在武昌开书店。玉英过门后，夫妻相敬如宾，不久生下儿子全琬，女儿全凤玉。

辅伯家开书店，应该说生活较宽裕，但玉英公公全文槐是个有名的善士，谁家

民间故事

205

"节孝"牌坊

有难,他都要出资帮助。有一付氏儿子病了,他让付氏子住在店中,可付氏子不慎失火,将店面付之一炬。文槐一无所有,却没有责怪付氏子之意。

余玉英过门后不久即学会纺纱织布,以贴补家用。她不仅贤慧,对婆婆嘘寒问暖,对小姑照顾得无微不至,而且待人热情,村里人无论谁有难处,她得知后一定竭力相助,一时成为全坊媳妇的楷模。谁知天有不测风云,就在玉英与丈夫结婚的第六个年头,传来丈夫病逝书店的噩耗。才二十四岁的她悲痛欲绝,随即产生随夫而去的念头,可是,看着白发苍苍的公婆和尚未出嫁的小姑,看着一双稚气未脱的儿女,玉英勇敢地担负起照顾他们的责任。

此后,她既是女,又当男,既是母,又当父。她学会了扶犁、把耙、栽禾、收割、种菜、砍柴等男人所干的活,纺纱、织布、缝衣、纳鞋等男人不会干的活,她一样也没落下。不管酷暑还是严寒,偌大的全坊村,只有她家彻夜不断地传出"唧唧"的织布声。儿子全琬在她的精心教育和熏陶下,好学不倦,弃文就武,由郡庠登雍正己酉年(1729)江西乡试武科第七名举人,官署广州营千总,补卫守备用。

"科第"与"节孝"牌坊

余玉英孝事公婆、抚孤成人、立志守节的事迹传遍了全县，感动了知县，于是逐级上报到朝廷。乾隆皇帝钦命在全坊村总门楼旁建造节孝牌坊，以彰扬孝妇余玉英。

三、"五子连发"的故事

金溪乡间猜拳一般称"五"为魁首，"五经魁首""五子登科"，而全坊村人则多称"五子连发"，因为在该村流传着这样一则故事。

相传在北宋时，全坊村始祖全同之孙全文简有高行，隐居不仕，能知人，尤其与衡溪对岸的麻山周家村周翰之父相友善。一日，文简梦中见一物蹲在其门边，仔细一看，原来是周翰睡在那里。梦醒之后，文简就意识到周翰不同凡响，于是就将女儿许配给他。

彼时，衡溪上还无桥，为了女儿出嫁及以后回娘家方便，全文简特出资在衡溪上架了一木桥。女儿出嫁那天，热闹非常，来客颇多，新娘子上轿时已近酉时。迎亲的队伍缓缓而行，不一会就来到衡桥边，媒人手持新娘的梳妆盒走在队伍的前头。由于过桥的人多，木桥被震得摇摇晃晃。刚踏上桥的媒人一不小心，梳妆盒中的镜子就滑落出来，掉在桥面上，顿时摔成五瓣。

刚出嫁就"破镜"，这对新娘子来说，是多么不吉利啊！迎亲的、送亲的个个都相顾失色。媒人急中生智，赶忙讨起口彩来："打发打发哟，打了就发！镜成五片哟，五子连发！"众人也随之附和："好！"

若干年后，文简公的女儿果真生了五个儿子，且个个登科。尤其是大儿子周衮，不仅高中进士，且与北宋名相王安石交往密切，王安石为其才华而倾倒。后周衮以员外郎出知藤州，有惠政，著有《周藤州集》，且名载《中国人名大辞典》。

四、神奇古井的传说

全坊村有两口古井，一口在村前，一口在村后。两口古井相映成趣。村前古井，一年四季从不干涸，据说泉水来自崇岭；村后古井，井水清澈见底，而且令人称奇的是，每担井水要比村前古井的水重5斤。有关这口古井，还有一个美丽而神奇的传说。

很久以前，一位住在村后古井边的鳏居老人，不仅心地善良，而且医术高明，附近百姓纷纷前来求医问药。凡家境贫寒者，老人为之医治并赠药，分文不收，大

村中古井

家都称他为"全善人"。

"全善人"过世后,一天,一位腰痛的老人拄着拐杖,慕名前来求医,得知"全善人"已去世,无奈只得拄着拐杖一路叹息着回去。来到古井旁,疲惫不堪的老人连喝了几口井水,以充饥解渴。没想到,甘冽的井水一到肚中,腰就不痛了,走路也不要拄拐杖了。这口有灵气的水井从此传遍四邻。一些家境贫寒无钱求医者,饮了井水后,一般都有疗效,伤风感冒者更是一喝就好。人们说:"这井里的水真是神了!"

从此,这个美丽的传说就一直流传至今。现在,还能看到有老人来井中打水喝,以祈求健康长寿。

(整理:熊之裔)

符竹民间传说故事二则

一、苦槠粉的传说

　　逶迤环抱的大山给予了符竹村人丰厚的馈赠，满山生长的苦槠树成为村民的"摇钱树"。每年农历九十月间，村里的妇女们都会上山去捡拾苦槠树掉下的苦槠籽，多的数百斤，少的也有百十斤。

　　苦槠籽经过洗净——晒干（至籽开口）——水漂（防虫）——去壳——磨粉——过滤后分上中下三层，再经过浸漂、去涩等工序后，即成苦槠淀粉。上层淀粉可制成类似米粉的长条粉，但比米粉更有韧性更滑，

苦槠树籽

苦槠树

吃时别有一番风味。中层粉可用来制成羹，也可放入蔬菜煮着吃。下层粉可用来制成糕，掺入少许糖，甜而不腻。

苦槠粉不仅能像粮食那样用来充饥，而且还有止泻、降血脂血糖等功效，是一种深受人们喜爱的纯天然绿色食品。

在符竹村民中，至今依然流传着关于苦槠粉的传说。

明嘉靖三十二年（1553），金溪久旱不雨，田禾枯萎，早稻更是颗粒无收，晚稻也栽不下去，米贵如金，灾情之重为数十年内所未见。金溪境内绝大多数村庄，十家就有九家以挖野葛、野藕为食，后又摘苎麻叶及吃观音土充饥。到九十月间，灾民只好四处乞讨。彼时的符竹村也好不到哪里去。

苦槠籽

苦槠糕

村中一刘姓人家的聪明媳妇就想：我们山上生长有很多的苦槠树，现在树下遍地都是苦槠籽，捡苦槠籽来充饥总比用那些苎麻叶、观音土充饥要强吧？她想到就干，很快从山上捡来一竹篮苦槠籽，洗净以后经过暴晒去壳取仁，然后将苦槠仁放在锅中焖熟。焖熟的苦槠仁虽然可以充饥，但又涩又苦，难以下咽。

晚上，这个媳妇左思右想，怎样才能去掉苦涩味？渐渐地她进入了梦乡。睡梦中，一位慈眉善面的老人向她家走来，她连忙把老人引进家中，让座敬茶。老人见她眉目间郁郁寡欢，似乎碰到解不开的结，于是问道："你有什么难事？说来听听，也许我能帮到你。"媳妇就将苦槠仁又涩又苦、难以下咽的事告知老人。老人告诉她，只要将苦槠仁磨成粉，然后用清水浸漂就能去掉涩味。说完后，老人霎时便不见了。她猛然惊醒，这才明白原来是观世音化装成老人托梦给她来解救百姓的苦难。

一大早，她按梦中老人所传授的办法，先将苦槠仁磨成粉，经多次浸漂去涩，终于制成了白里略黄的苦槠淀粉。她立马就将此技艺毫无保留地传给了众乡亲，使大家度过了大饥荒。此后，苦槠树就被村民称为"救命树"，苦槠粉的制作技艺也在符竹村代代相传。

二、乞丐成员外

　　清初,有一对贫穷戴姓夫妻来到符竹村外盖毛厂安居,丈夫叫元大,妻子叫梅花,夫妻俩靠乞讨度日。日复一日,仍然是过了今日还愁明日。一天,元大对妻子说:"我想到外面去闯世界,希望能得到你的支持。"妻子想了想,说:"好吧!不过,在外讨生活,一要注意安全,二要保重身体。"第二天,元大告别妻子,踏上了改变命运的征程。他边走边乞讨,历时数十天,来到全国四大名镇之一的汉口镇。

　　有一天,他走进一家大商店,只见商品琳琅满目,人们摩肩接踵,生意十分红火。他想,要是能在这店当个伙计就好。于是,他退至店外,等候机会。太阳西落,各家店都纷纷打烊了,终于,从店里走出来一个穿着体面的人。元大连忙向这人作揖,小声问道:"老板,贵店生意如此红火,还要增加伙计么?"碰巧老板当日大赚了一笔,心中很是高兴,一见此人穿着虽差,但彬彬有礼,就很爽快地答应了。

　　第二天,元大进店上工,白天打杂,晚上守店,分内分外事做得井井有条,对来店顾客服务周到得体。老板甚为满意,就让他坐柜台。此后,店里的生意也越来越好。几年工夫,元大又坐上了头柜。又过了几年,老板年纪大了,力不从心了,提出要和元大合伙经营,老板出钱,他出力,利润平分。元大听后分外高兴,办事越发卖力,他的积蓄也越来越多。

经商童叟无欺

乞丐画像

员外画像

　　某一天，元大对老板说，想回老家一趟。老板满口答应，并出面为他请好车辆和车夫，指点元大将积攒的金银放在车上，然后在上面盖上旧棉絮以掩人耳目。回到符竹村的元大用赚来的金银不仅为自家买田盖房，而且出钱在村里建造祠堂、戏台，还请民工在村西北栽树以阻挡风沙，为村民造福。

　　戴元大由乞丐成员外的佳话一直流传至今。

（整理：熊之裔）

黄坊民间传说二则

一、十八螃蟹上滩

黄坊村西北,紧靠灵谷峰的东南麓,地势从西北向东南倾斜,呈筲箕形。金谷水、玉带水及村中新圳水绕村下注入盱江汝水段。村内有烟包山、挂紫岭等十八个丘包,从官路向西北望,恰似十八只螃蟹上滩,前往灵谷峰朝拜,俗称"十八螃蟹上滩"。

按堪舆家(风水先生)所说,这是大吉大利的风水宝地。黄坊村地处灵谷峰东南的正脉,一定出仕宦人物、学士先生。果然,从始祖西村公黄振基及其弟灵南公黄庆基而下,代有显贵,为黄坊赢来"文献故家""衣冠贵胄"的美誉。这十八个丘包,也先后成为黄坊村黄姓、车姓、何姓、孟姓等先人的墓葬地,且很少发生坟茔被盗掘事件。

(车天赐讲述)

灵谷峰风光

二、何应钦返乡

黄坊村左一里许的何坊，是民国时期风云人物何应钦的老家。何家先人以制伞为业，四代前离家远走贵州谋生，并带走一部家谱。何应钦四十多岁时任"剿总"，驻扎在抚州，曾回过何坊一次。

当时，何应钦从抚州骑马经过灵谷峰来到黄坊村。他对村民说道："我的祖父对我讲，老家在江西金溪黄坊。据说村前有万年桥，后有马鞍山，村里有司马第，可是这里？"黄坊村老人告诉他，那是黄坊附近的小村何坊。一行人遂带领何应钦和他的侍从人员来到何坊。

何应钦一下马，便叫侍从丈量何氏宗祠长宽尺寸并拍照、绘图、记录，并与村民排成两行合影留念。村民至今还记得，离开的时侍从搀扶何应钦上马，上马后他挥手向父老乡亲们致意，并一再勒马回头对大家说："剿匪"胜利后再来和大家见面。

此后，何应钦还让何坊村民送何氏族谱给他看，去送族谱的人受到了何应钦的盛情款待。黄坊村后来创办应钦中学，何应钦不但为学校题词，而且赠送了他本人的照片，还为学校办学提供了不少的资助与方便，何坊村子弟入读应钦中学不收钱。

（车端阳口述）

黄坊古村巷道

黄坊古宅及庭院

民间故事

黄坊古村古屋

朱德总司令在后龚

  1933年1月初,寒气袭人。中国工农红军第一方面军由朱德总司令率领,来到金溪左坊后龚村,司令部设在后龚祠堂。后龚村后崇山峻岭,地势险要;大树浓竹,环抱村庄。青色砖墙从树竹的叶子空隙间映入眼帘。鹅卵石砌成的小道和一条淙淙的泉水,伴着行人直至村内。在这个村的最南端,并排建有两栋砖瓦房。东侧是一间小屋,背后接竹山,朱德总司令就住在这间小屋里。

  红军一驻扎下来,顾不上劳累就忙活开了。朱总司令带着战士忙着清理村里的垃圾和臭水沟,有的战士忙着帮村民挑水,有的帮群众劈柴……

  第二天早晨,朱总司令又带领十多个战士,在小屋背后的竹山脚下开挖了一个大地洞,有两个洞口进出,里面可以放两张八仙桌,能坐十多个人。红军干部经常在这里开会研究工作。

红一方面军司令部旧址

红军洞

红军井

朱总司令还经常到群众家里问寒问暖。在访贫问苦中,他看到村民的饮用水很不干净卫生,于是带领战士在后龚祠堂东面打了一口井,解决了村民饮用水困难的问题。

一天,朱总司令在小屋门口对一个红军干部说:"老李,要将白军的上级军官同下级军官和士兵区分开来,将顽固到底的白军军官同一般军官区分开来,对受伤的俘虏要给予治疗,对那个反动旅长周士达的罪恶一定要发动群众揭发控诉!这样就可以很快地提高群众的思想觉悟。"

"明白了。"老李同志遵照朱总司令的指示去布置工作。

1月12日下午,在后龚村的王家仓下背后山上,用木头搭台,发动白军俘虏控诉国民党反动旅长周士达,周士达是在黄狮渡战斗中被俘的。当周士达被押上审判台时,台下振臂高呼:"打倒国民党反动派!""打倒压迫士兵的白军官长!"台下坐着俘虏三千余人,周围坐着红军战士,成百上千的群众站在两旁观看。

这天,朱总司令身披灰色军大衣,内穿灰色制服和马裤,脚上穿着黄色草鞋,站在东边一棵大树下,望着台上。后面跟着两个警卫员。一个个白军俘虏走上台去,指着周士达控诉。有的揭发他克扣军饷,有的控诉他打骂和欺压士兵。有个手拄拐棍的白军俘虏,声泪俱下地控诉他残杀伤员。会场群情激愤,高呼"打倒周士达!""欢迎白军士兵参加红军!"等口号,控诉会一直到傍晚才结束。

晚上,整个王家祠堂坐满了人,祠堂内点燃了马灯,朱总司令召集俘虏开会。

民间故事

朱总司令站在祠堂门口,面向祠堂内,背靠大门,站在木头箱子上讲话。他反复交代红军对俘虏的政策,宣传只有打倒帝国主义和土豪劣绅,劳苦人民才能过好日子的道理,动员白军士兵参加红军。会后,白军俘虏纷纷报名,参加红军的有二千四百余人。对于一些要求回家的,每人发给三块银元,领到银元的俘虏感动得流下了眼泪。

这时一个白军俘虏拄着拐棍来到朱总司令面前,欲跪下求朱总司令让他参加红军。朱总司令赶忙扶着他,笑容可掬地说:"当红军我们欢迎!"原来他就是下午上台控诉周士达的那个士兵,看到朱总司令来搀扶自己,不无动情地说:"长官,红军救了我的命。我也是穷苦人出身,伤势不重,收下我吧!"朱总司令问:"你是哪里人?家里还有谁?什么时候被抓来当兵的?"他一一做了回答。朱总司令说:"等伤好了再说,你好好养伤吧!"

春节前,群众分到了地主的谷子、猪肉,准备和红军一起欢天喜地过一个快乐的新年。有的老早就打招呼,要请朱总司令到自己家里过年。

1月25日这天,正是农历除夕。家家都在忙过年。晌午,"噼里啪啦"的鞭炮声此起彼伏。第一个来请朱总司令过年的是住在隔壁的邻居龚有寿。接着,两个、三个……房间里挤满了人。朱总司令满面笑容,风趣地说:"你们这么多人请我过年,我到底去哪一家呢?"说完,爽朗地大笑。群众你一言我一语,各摆各的理由,争着要请总

红军书写的标语

红一方面军通信连旧址

司令。

　　突然，外面传来嘹亮的军号声。朱总司令大声说："乡亲们！大家的深情厚谊我领了。现在告诉你们，红军就要出发了！"

　　"红军要走？"人们不大相信，"今天可是过年呀！"

　　"过了年再走吧！"群众纷纷挽留红军。

　　朱总司令说："过年也要出发，去迎接新的战斗！这是为了让千百万劳苦群众能过上更愉快的新年！"

朱德旧居

　　"哒哒……滴……"第二遍军号声响了，战士们迅速集合。朱总司令对房东王冬香说："请你把东西检查一下，看看有什么物件丢失、损坏了。如果有，我们照价赔偿。"王冬香看见自己的东西件件按原样摆得好好的，感动得说不出话来。

　　群众眼看着挽留不下红军过春节，纷纷从家里拿来煮熟的红蛋和编好的草鞋，一个劲地往红军战士身上塞……有的村民还把自己一年辛苦积攒下的钱买的平时舍不得穿的新衣拿出来送给穿着单薄的红军战士，有的新媳妇还把自己为丈夫纳好的新布鞋送给露着脚趾头的红军战士，这些东西都被红军战士婉拒了。

　　村民见留红军过春节留不住，送给红军的东西红军又不拿，急得个个要找朱总司令理论，希望朱总司令能松松口。可朱总司令却说："乡亲们的心意我替红军战士领了。我们工农红军，是劳苦大众自己的军队，永远不会拿群众的一针一线！"

　　有的老表站在门外禾场上和大路旁边，点燃了自家过年燃放的鞭炮，欢送着红军。

　　朱总司令挥手同欢送的群众告别："乡亲们，回去吧，回去吧。"不知是谁在人群里说了句："红军打了胜仗，又会回来！"朱总司令点点头，笑着说："对，红军一定会回来！"接着他用手指着东边，说："在王家祠堂里，还有六个白军伤员，每个人都发了九块光洋，三块作路费，六块用于治伤。刚才在你们村子里已雇好了十二个人，也给了钱，请他们把白军伤员抬到浒湾镇去医治。"然后朱总司令双手

民间故事

红军贵重物品储藏室

抱拳，高高举过头顶，说："白军伤员也是穷苦人出身，拜托大家催一催，过了年就让他们动身，让白军伤员早点得到医治。"

天空密布着乌云，凛冽的北风呼啸着，撕扯着红军战士单薄的衣衫。朱总司令高大的身影渐渐地远去了。老表们泪眼模糊，心上惦着亲人，默默地祝愿："朱总司令会回来的，红军会回来的！"

红军战士渐渐在人们的视野中消失，而老表们仍然在呼啸的北风中，不停地挥舞着双臂，久久不愿离去……

（龚有寿口述，黄玄整理）

非遗选粹

浒湾雕版印刷的工艺流程

在我国出版史上，赣版古籍占有重要地位，其中金溪县浒湾镇的雕版印刷最负盛名，享誉古籍收藏界的"金溪书"，就是指金溪县浒湾镇的雕版印书。旧版《辞源》记载："金溪浒湾男女皆善于刻字印书"。雕版印刷业的兴盛为金溪赢得"江南书乡"之称誉，也让浒湾成为江西最大的印书中心，并在全国擦亮了"江西版"的招牌。文学家、史学家郑振铎认为，在清代，浒湾是全国四大刻书中心（北京、武汉、浒湾、四堡）之一，长期饮誉全国刻书行业。

昔年雕版印书的辉煌在流逝的波光中渐行渐远，但几百年积淀的墨韵书香并不曾消散。让我们一起走进书香浒湾，来了解浒湾雕版印刷的工艺流程。

一、选材、制版：选择适宜雕刻的树材，如梨木、枣木、荷木、小叶樟木等，

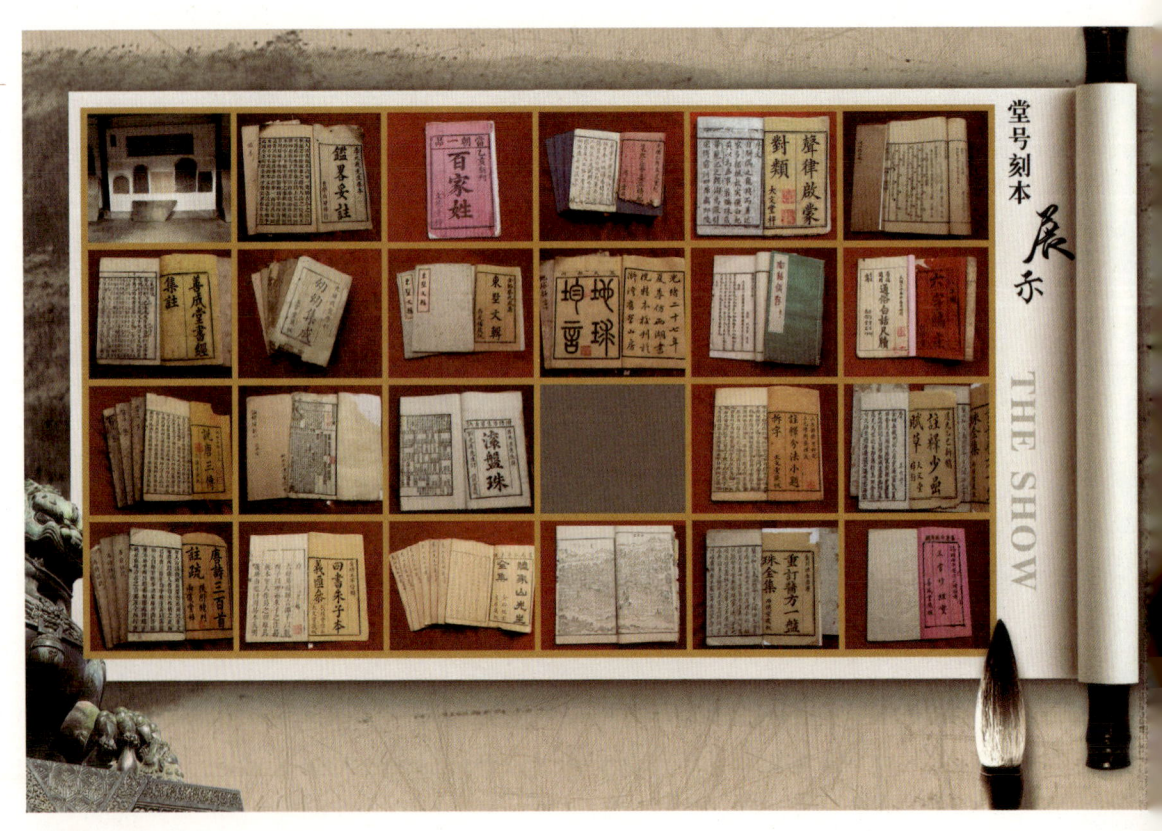

浒湾雕版印刷作品

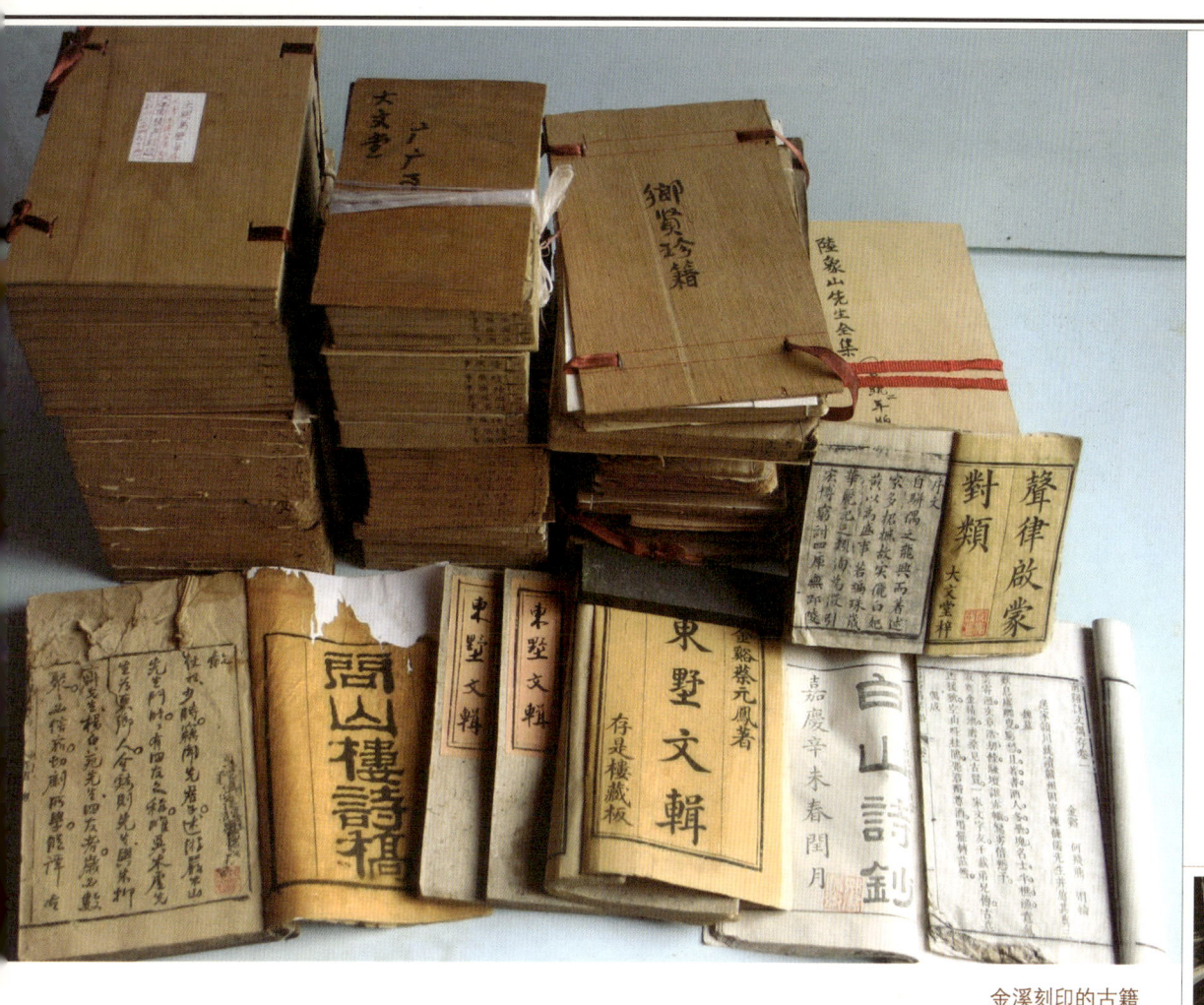

金溪刻印的古籍

锯成2厘米厚的板材，放阴凉通风处晾干。然后两面刨光，裁成比书面略大的书版。如板材狭小，可两块拼合使用，但要严丝合缝。

二、写样、上版：选用极薄的毛太纸①，请书家用毛笔按版式写出书页内容。一般而言，古籍选用的字体为宋体、仿宋体、楷体，特殊的内容选用隶、篆、行、草或作者手迹。写样

---

① 毛太纸，又称仿宋纸。据《小石山房丛书》载："江西特造之，厚者曰毛边，薄者曰毛泰，"两者性能接近，可作书画纸或书画衬纸。

雕版工具

写样工序

非遗选粹

完成后，要请人校正，有错即挖改之。

上版时，先在版面涂薄薄的一层糨糊，将校正好的写样反贴于书版，待自然干燥后轻轻擦去纸背底层纤维，拭去纸屑，使版面显出清晰的反文墨迹。

三、雕版：开刻之先在字迹周围划刻一刀，放松木面，称"发刀"，然后由刻工按字迹墨线精雕细刻，先按笔画刻，逐一雕刻点、勾、撇、捺，完成全字。再用挑刀剔除空白木面，便形成了约1毫米凸起的阳文反字。最后，仔细修整齐平，用水洗刷版上碎屑，使所刻文字干净爽利，以备刷印。

每块书版可刻两面，印成后得书两页。

刻字刀有拳刀、曲刀、雀刀、挑刀、枝凿多种。刀法分出门与归身两大式，出门刻直纹，归身刻横纹。文字笔画刻成后，用木槌轻击圆口凿，铲去行格间空白版面，成一浅槽，称"打空"。然后将版面四周边框与行格雕刻整齐，称"拉线"。据说成熟工匠每天可刻200字，每字以铜钱两枚为酬，圈点符号按三圈、五点各抵一字折算。

四、校对：印刷前，一般先用红墨印出初样，作为校对之用。如发现错字则在书版上挖去该字，另削一木块用槌嵌入，描反字重刻。如错字较多，则整行剜去，嵌入木条重刻。再次校对无讹后即成定本，以墨印刷。

五、印刷：将书版平放案上，四角垫稳，以棕刷蘸墨汁涂刷版面，要求"四周到，中间黑"，再铺上印纸，以棕刷抹擦，使印纸匀称着墨，揭下即为正文书页。每刷一张须蘸墨一次，务求字迹清晰，书面干净无多余墨痕。纸墨质量及印刷技术很重要，这决定了书的品质。

六、套色：如果要印两色或多色，如年画、信笺、评点本等，可在一块书版上的不同部位涂不同颜色，一次印成。然而，这种工艺不是真正意义的套版印刷。

雕刻工序

印刷工序

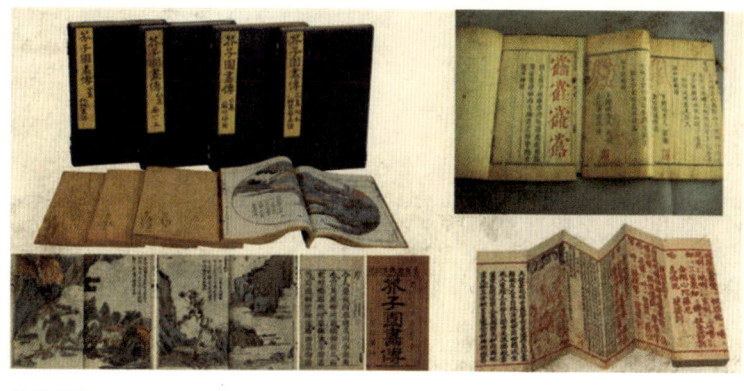

套版印刷是根据需要，刻成不同的版，一版刷一种颜色，然后依次印在同一张纸上，形成多色印品。一般来说，正文刻一版，刷黑色；圈点符号刻一版，刷朱色；点评文字刻一版，用蓝色。几版合印一纸，故版的位置、纸的位置均要配置准确，各版要精密吻合，否则容易重叠或偏差。故套印是雕版印刷中最精细、复杂的技术。

作品套色

装订工序

七、装订：首先要"折页"：将印好的书页按书口象鼻线对折，使字迹向外；然后要"配页"：按一册书的页码顺序完全排配，不可重复或缺页；第三步是"齐栏"：把配齐的书页按书口下框线对齐，使全部书口对折处整齐如切；第四步是"上纸捻"：在理齐书页后，配上扉页、书名页、护页等，然后于书页装订处打两个或四个孔，穿上2个纸捻子，拉紧，这本书便牢牢地固定了；第五步是"配封面封底"：按书的大小，以颜色典雅之纸裱糊两三层，制成略厚的封面、封底，粘贴在书芯的纸钉之上；第六步是"切边"：把粘好面底的书码齐，用锋利的大刀片把书首、书根、书脊三边切平。前书口是折缝边，为线装书的规矩边，不用切。裁切后，整套书应该大小一致；第七步是"订线"：一般在封面确定钉眼四个，用丝线往返穿贯，使之牢固订紧。讲究的书可先用绢绸包角、粘贴平整，再订线压紧。也有坚角四目式（即六个钉眼），使书脊上下角更为牢实，多用于谱牒装订；第八步是"粘书签"：一般用宣纸书写或印刷书签，载明书名、卷数，因常请名人题写，于是便有名款、印章等。签条一般贴在封面左上角，离书口与天头大约5~10毫米。

经过以上工艺，一部极具中国文化特色的线装书就制作完成了。

（整理：陈振寿）

浒湾雕版印书业的特点

"纸不到浒湾不齐。"仅从这句谚语,即可窥金溪县浒湾镇在中国雕版印刷史上的重要地位。浒湾雕版印刷发端于元,兴于明,盛于清,其雕版印书业的兴盛为金溪赢得了"江南书乡"的美誉。

浒湾的雕版印书款式大方,校勘精细,字体规范,装帧牢固,长期饮誉全国刻书行业。浒湾雕版印书业特点鲜明,是极其珍贵的文化遗产,现概述如下。

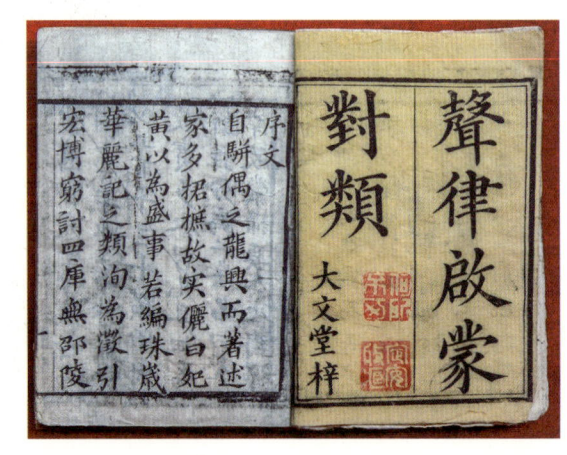

《声律启蒙对类》

非物质文化传承人王嘉泉在演示印刷技艺

"旧学山房"

一、从业老板普遍具有较高的文化素养

浒湾书坊的从业老板多出身于书香世家，文人、学者屡见不鲜，甚至不乏赋闲官员。如红杏山房的赵承恩、旧学山房的谢甘盘、渔古山房的许宝树，都是著名学者，谢甘盘还是退休官员；大文堂的余钟祥、余致祥兄弟见多识广，具有贡生身份；文奎堂的张锦初是落第文人；两仪堂的老板是王安石家族后裔……皆为饱学之士，且都以刻印书籍、传播文化为自己毕生追求。

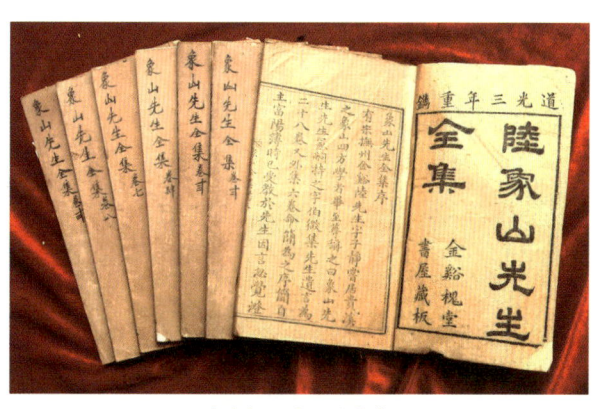

《陆象山先生全集》

古籍中描绘的浒湾旧貌

由于掌门人文化素养较高，其刻印书籍必然精益求精，要求少有讹错，许多刻本中印有"校正无讹"这类文字。

二、刻书品种广

金溪刻书以普及本为主，大量刻印了启蒙读物、实用读物以及医药书籍等，如《三字经》《千字文》《百家姓考略》《对联汇海》《寿世保元》《医学心悟》等应有尽有，深受文化程度不高的下层劳动人民喜爱，在普通百姓中广泛传播。同时刊刻有小说、戏曲、话本等通俗读物，成为民间社会的精神食粮，也间接促进形成了底层社会重教尚文、科举成才的人文环境。

更重要的是，刊刻乡贤作品，传播"临川文化"。浒湾雕版印书刊刻了不少乡贤的学术著作，如金溪张映斗的《半古楼集》、王谟的《江西考古录》、何飞熊的《南溪诗钞》、朱嗣韩的《红叶山房稿》、李绂的《象山全集》等，一大批抚州学人、官员的著述在这里付梓成书。"临川文化"借浒湾雕版印书传遍大江南北。

在刊行普及本的同时，这里还刊刻了不少工具书、丛书、类书，如大文堂的《广广事类赋》、两仪堂的《五经全注》、红杏山房的《赵氏藏书》等，这类书精刻精印，海内称善。

浒湾前书铺街

三、从业者多、堂号多、销售网点分布广

在浒湾雕版印书业鼎盛时期，浒湾镇有刻字匠人六七百人。这些刻字匠除本地人外，大多是湖北、福建人，还有不少刻印女工匠。如果算上印刷工、搬运工等，浒湾雕版印书业从业人员约有三千人。

浒湾的雕版印书畅销全国各地，尤其是地处长江中下游的南昌、南京、长沙、芜湖等城市，均有浒湾书坊的分号、分店，就连北京、上海、西藏也不例外。在清朝200多年的时间里，浒湾书铺街成为江西最大的印书中心，赢得了"临川才子金溪书"的美誉。

四、采用"家族抱团"的运作模式

浒湾镇大多书坊为"家族抱团"式经营，书坊数代相传，三四代人同居一屋，共灶吃饭，分工合作，完成了从生产到销售的全过程。书坊的发展和壮大，靠的是"家族抱团"的力量。血缘、地缘关系成为重要的纽带，子承父业，兄弟、叔侄合营，同族成员之间通力合营，从而有效地整合了资金、人才、技术和信息，降低了运营成本和经营风险。

（整理：陈振寿）

浒湾雕版印刷的文化价值

雕版印刷是中国对世界文明的伟大贡献之一，它使知识信息的传播在质和量上都产生了巨大飞跃，从而成为社会发展、宗教繁荣、科学普及、技术进步和文化交流的强大动力。

几百年来，"临川才子金溪书"的民谚不胫而走，传遍全国，"金溪书"享誉古籍收藏界。浒湾雕版印书具有款式大方，校勘精细，字体规范，装帧牢固等特点，创出了"江西版"的称号，浒湾书铺街也在清朝成为江西印书中心。

雕版

金溪锦绣广场籍著中华群雕

辉煌的沧桑——金溪古村落群印象

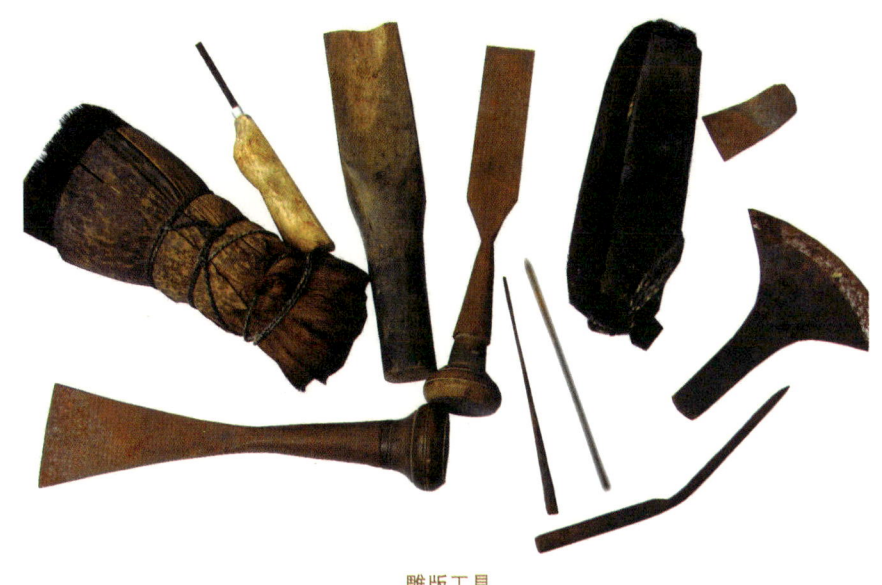

雕版工具

因这绵绵不绝的翰墨书香，浒湾已经成为国家历史文化名镇。的确，浒湾就是一套百科全书式的古籍：高高的吊脚楼、古朴的观音阁、悠闲的古渡口、曲折的青石巷……乡风遗韵令人欲说难尽，绵厚深长。

徜徉书铺街，触摸脚下深深的车辙印，令人不禁想问：独轮小车推走了多少岁月？运出了多少"赣版"线装书？一间间书坊，印刷了多少乡贤的著作？为弘扬"临川文化"、传承中华文明做出了怎样的贡献？

非遗选粹

一、服务科举取仕，嘉惠士林

浒湾书铺街所刻印的书籍，以《四书》《五经》等教育启蒙、科举考试用书为主，辅之以工具书、大型类书等实用书籍，顺应了国家科举考试的需要，推进了教育事业的发展。这些书籍版式疏朗、纸墨精良，草、行、隶、篆各体俱备，精刻精印，海内称善，为广大学林士子应试必备。

二、繁荣了社会文化事业

浒湾书铺街还刊印了大量的医书、史书等学术著作，诗词歌赋、白话小说、话文剧本等文艺书籍，为后世留下了大量的天文地理、民生日用、官制人事等重要资料，素为学界所重。如两仪堂的《五经体注》《近思录集注》，双桂书屋的《毋质堂诗钞》，大文堂的《广事类赋》《续广事类赋》、《广广事类赋》《资治通鉴纲目》《杜诗详注》，文奎堂的《南雅堂医书全集》，红杏山房的《赵氏藏书》《汉魏丛书》《忠雅堂集》，旧学山房的《天佣子全集》《太平寰宇记》，槐堂书屋的《陆象山先生全集》，等等，现大多被各大图书馆收藏，有些已列入国家级善本书之列。

2009年6月，上海国拍古籍善本专场，拍出明"金溪黄希宪刻小字本"《南丰先生元丰类稿》十册，成交价27.5万，可见刻印之精。此外还有《三字经》《千字文》《七言杂字》《百家姓》《千家诗》《唐诗三百首》《绝妙好词笺》《说岳全传》《说唐全传》《三国演义》《红楼梦》《金瓶梅》《西厢记》等，品种繁多，不胜枚举。

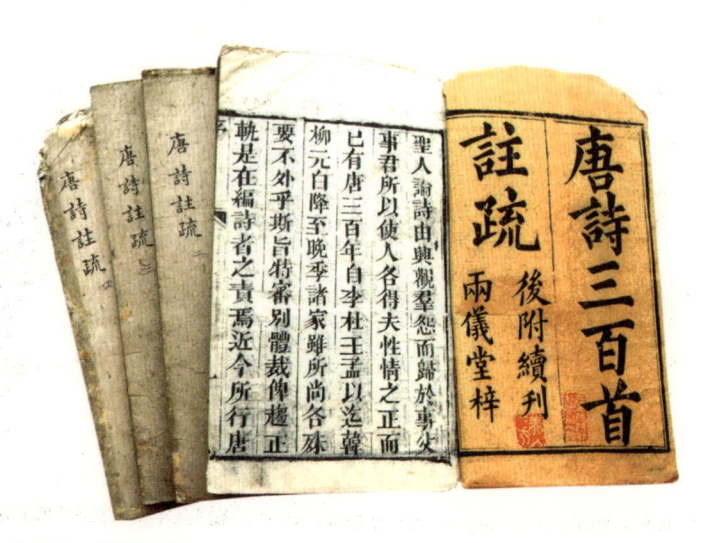

《唐诗三百首注疏》

浒湾雕版印刷引来外籍游客

浒湾雕版印书博物馆工作人员为游客现场演示古雕版印书工序

非遗选粹

233

出版界"四个一批"人才考察团在浒湾镇调研、"寻根"

三、传播了赣地乡贤的学术著作

明清以来，抚州文风昌盛，著书立说者不乏其人，浒湾雕版印书业的兴起无疑为这些书的出版提供了方便。如明代龚廷贤的《寿世保元》，吴悌的《吴疏山先生集》，吴世忠的《蠢遇录》等；乾隆年间金溪张映斗的《半古楼集》，王谟的《江西考古录》《豫章十代文献略》，何飞熊的《南溪诗钞》等；嘉庆时朱嗣韩的《红叶山房稿》；道光三年（1823）临川李绂评点编次的《陆象山先生全集》，同治时的《江宜笏先生诗文存略》等都由浒湾雕版印刷出书；此外，《抚州五贤合集》《汤文正公集》《天佣子全集》《太平寰宇记》等一大批抚州学人、官员的著述先后付梓成书。

（整理：陈振寿）

摇上国际大舞台的金溪"手摇狮"

当地时间2015年7月18日，意大利米兰，第42届世界博览会，一场"江西秀"在此上演：以"秀美江西·生态农业·绿色崛起"为主题的"江西活动日"在中国馆举行。金溪"手摇狮"和赣剧、景德镇瓷乐、婺源茶艺等"江西元素"纷纷亮相世界舞台，展示了江西文化底蕴和独特魅力，让各国观众一睹江西非物质文化遗产风采。

灯彩是我国历史悠久、流行甚广的民间艺术。每当逢年过节，随处可见张灯结彩、玩灯舞狮的热闹场面。一般来说，舞狮都是两个人舞，而流传在金溪县琅琚镇枫山城上村一带的"手摇狮"却是一个人舞，这在全省乃至全国都是独有的，因此被誉为"华夏一绝"、"狮人舞蹈"，是金溪群众喜闻乐见的主要民间灯彩之一。

"华夏一绝"手摇狮

"非遗"表演进古村

辉煌的沧桑——金溪古村落群印象

手摇狮送文化下乡

"手摇狮"作为金溪特有的一种民间灯彩,起源于金溪县琅琚镇杨村。主要表现两狮格斗,中间一位举灯长者劝和,最终两狮和好如初的整个过程。它用竹篾扎制狮身,用彩纸缀于表面,在节日里表演。"手摇狮"动作简单,干脆利落,所需的场所亦不大,在门前庭院、田埂谷场均可表演。

　　据传,明末清初,琅琚一带水源紧缺,山下禾田干枯,人畜焦渴,村民常因争水而发生械斗。于是,人人练拳习武,家家特制一种木板凳,上面刻着一个狮子图像,英勇凶猛。后来,人们和睦相处,狮像板凳变成了村民练武的传统,形成了眷恋土地、祈望丰收、反抗强权的一种习俗。逢年过节或五谷丰登时,男人们便要舞弄一番,以图吉庆。久而久之,变凳为狮,发展为民间节日嬉耍的手摇狮灯。

手摇狮雕塑

　　"手摇狮"的表演过程从起初两狮凶猛相斗,继而单球表演,再到两狮平息怨仇扑球戏弄为止,全场表演约半小时。整个表演过程中,耍灯人仪态严肃,动作轻柔潇洒,两狮各由一人操持,利用手臂、腰、肘、脚作下蹲步,学仿狮子扑球的摇、撒、滚、落,在一系列舒缓而又紧凑的动作中,扮演狮子的憨、娇、顽形态。全场共分引狮下山、双狮搔痒、单球表演、双狮扑球四阶段。遗憾的是原有108套动作,现仅保留下来10余套。

　　"手摇狮"与其他民间灯彩节目的不同之处,就在于它的动作简单、容易跳跃、干脆利落。服装、道具既简单易制,又落落大方。狮的身躯是用40个竹圈连串而成,整个制成材料只需6根小杉木棍,两根主干长1尺8寸,直径1寸;4根矮杆,1尺3寸,直径1寸左右;大青竹破丝120根,3尺3寸;深绿色小纺60尺,深黄色小纺60尺,大红小纺60尺;两朵红花,另加白布4尺,皱纹纸黄绿各10卷;银铃4个,红球两个。

手摇狮摇进人民大会堂

如今,"手摇狮"发展为红、绿、黄3种,每组两狮一球,满场奔跳,相互追逐,热烈欢闹。2008年5月,该项目被列入第二批省级非物质文化遗产名录。2013年1月13日,金溪"手摇狮"作为江西省唯一应邀参演的民俗文化节目,首次登上央视舞台,在该台"百花迎春——中国文学艺术界春节大联欢"晚会上,在江西板块开场舞中出场,之后为《万山红遍》伴"舞",最后在《盛开的牡丹》中谢幕。演出引发社会热烈反响,获得好评如潮!

手摇狮在民俗展上一展身手

(整理:陈振寿)

浒湾油面制作技艺

　　浒湾油面是金溪传统名牌产品，明末即见诸市场，清代曾被选为宫廷食品，因面丝细如龙须，人称"龙须贡面"。浒湾油面不仅爽滑细腻、烹调不糊、口感不黏、易于消化，而且有健脾胃、降血压、发伤感、祛风寒、催母乳等功效。因而能成为上佳贡品。

　　浒湾油面有着悠久的历史，据说当年乾隆皇帝下江南，在浒湾吃了一碗"延年寿面"后，赞不绝口。乾隆皇帝返京后，对浒湾地名与浒湾面食记忆特深，下旨令金溪县每年进贡油面万斤，以供宫廷食用。由于面丝细如龙须，又经皇帝夸赞，"龙

油面制作

辉煌的沧桑——金溪古村落群印象

拉面

须贡面"自此名扬天下。

　　油面的生产工艺讲究,技术含量高,经和面、调料、搓条、过油、绕棍、入箱、上架、拉丝、摊晾、下架、切面、包装等10余道工序,全部手工操作,一环扣一环。油面的加工时间要求非常严格,且因空气干湿、节令冷暖的不同需采用不同的调料配方。其和面质量,直接影响面条的细度与风味,加水加盐的比例,又与四季气候与水质等自然条件紧密相关,全靠制面工匠的悟性积累经验,才能提高质量。其成品也应妥善存放,以防霉变。

　　浒湾油面烹调方法较为简单,先调淡味鲜汤备用,然后将面放入沸水中,0.5公斤油面须配水4~5公斤,煮4~5分钟后即可挑面入汤食用。若配以鸡蛋、肉丝、香菇等"臊子"浇盖在油面上,则味道更加鲜美。

　　浒湾的水资源丰富,抚河途经此地,加上交通便利,为油面的生产、销售提供了得天独厚的条件。新中国成立前,知名的作

上架

晾晒

坊主要有森和兴、美芳斋、利芳福、何源和等。其中,森和兴贡面厂生产的龙牌贡面,已被国家商务部列为中华老字号。2010年6月,浒湾油面制作技艺被列入第三批省级非物质文化遗产名录。

(整理:陈振寿)

藕丝糖传统手工技艺

藕丝糖是金溪特产，其外形似一团洁白无瑕的藕丝，内以芝麻、桂花、橘饼为细馅，素以甜、脆、香、酥而著称。甜而不腻，脆而不碎，外形美观，落口消融，余味绵长。

金溪藕丝糖主要产地在琅琚、浒湾、秀谷等地，大多由家庭小作坊生产，通常在庙会和集市上销售，随制随卖，买后即食，不能久放保存。新中国成立后，一些食品厂开始大规模生产，并不断改进包装，使之便于运输、储存。

说起金溪藕丝糖的历史，其渊源已无正史可考。据《金溪县志》记载，明万历年间，就有小贩挑着糖担，敲着小锣，走乡串村叫卖。关于藕丝糖的来历，有这么一种说法：

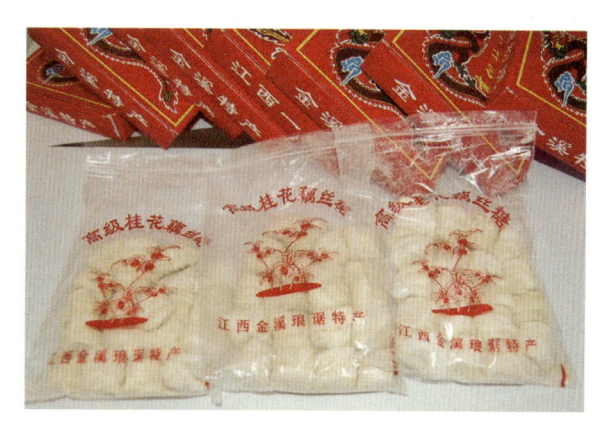

包装好的藕丝糖成品

制作藕丝糖

非遗选粹

据说五代南唐时期，金溪尚未建县，只为临川县的一个镇，称上幕镇。管理上幕镇的是一位姓唐的把总，此人生性喜欢吃糖，人称"糖老爷"。有一年为庆祝其老母生日，他用糖做了一个禾斛大的"寿"字，陈列堂前。考虑到老母80多岁，没有牙齿，吃不动糖饼或子糖，他突发奇想，下令镇上做糖师傅在9天之内，必须做出一种又软又酥、落口消融的糖来，如敢违抗，则不准他们营业，还要派他们去服劳役。这一下难坏了所有的制糖师傅，他们聚在一起，反复改进熬糖方法，改进子糖品质，但最后还是硬结成团，无法又软又酥、落口消融。到了第八天晚上，制糖师傅们仍个个束手无策，对着一锅稀糖发呆。

就在这时，忽然来了一个满面污垢的跛脚要饭老头，他向制糖师傅们乞讨稀糖

街头现场制售

制糖老艺人教孩子们制作

辉煌的沧桑——金溪古村落群印象

吃。制糖师傅打了一勺稀糖用碗盛给他，他不接，却自己伸手去抓。只见他一双又黑又瘦的手像织女穿梭似的不停地抓、拉，软软的稀糖先拉成圆圆的线圈，反复多次之后便拉出了几团又白又细的糖丝。老头把糖丝向制糖师傅们一抛，霎时人便不见了。

制糖师傅们看呆了，把老头拉出的白如细丝的糖放进口里一吃：又软又酥，落口消融。人们一下子醒悟过来了，这不就是他们昼夜思忖要研制出来的酥糖吗？这个老头不就是常常下凡来为民众排忧解难的铁拐李大仙吗？呵，是神仙来搭救他们、指点他们了！于是他们点起香烛，跪谢大仙，同时按仙家的指点，学着把稀稀的饴糖抓拉成细丝，以后又包豆粉、芝麻、桂花、橘饼等配馅，并逐步演化成今天的藕丝糖。

制作原料——稀糖

传说归传说，其实，藕丝糖是劳动人民智慧的结晶。从这个民间传说来看，藕丝糖的生产历史已逾千年，是金溪人民世代传承的一种特产，有鲜明的地域特色和文化底蕴。

当地的人们在每年入冬之后（11月到次年3月），制糖师傅们便精选本地生产的优质糯米、大豆、麦芽、芝麻、橘饼、桂花、香油、白糖等，经浸泡、蒸、发酵、滤浆、熬制饴糖、拉丝包馅、成形、包装等工序制作成藕丝糖，在制作过程中对发酵温度、熬糖时间、火候、气候等都要掌握得很准，否则糖化不好，会影响品味和拉丝细度。

藕丝糖多次被评为省地优质产品，1988年参加首届中国食品博览会，被评为为特色优质产品。2008年5月，该项目被列入第二批省级非物质文化遗产名录。

（整理：陈振寿）

制作工序

蚌壳灯

流行在琅琚镇疎口村的"蚌壳灯"舞是金溪民间一种富有特色的灯彩。

"蚌壳灯"用竹篾扎制白鹤、蚌壳,并用彩纸裱糊,彩笔勾画图案,蚌壳四周用红布条镶边,制成红穗。表演时,饰蚌壳精妇女一人,饰白鹤者一人,老渔夫一人,其情节如"鹬蚌相争"的故事。舞蹈动作没有固定形式,随着伴奏时快时慢,类似哑剧,只有动作,没有唱词,是一种故事情节较强、由打击乐伴奏的民间灯彩。整个表演具有很强的节奏感,情绪与打击乐的强弱长短紧密配合。"蚌壳灯"以其淳朴的生活气息、风趣生动的表演、乐观明朗的情绪赢得广大群众的喜爱,因此经久不衰。

表演"蚌壳灯"时,一青年女子扮成蚌壳精,身穿红色的服装,佩戴闪亮的珠饰,立于竹制的大蚌壳内,随着锣鼓的节奏,以碎步、盘腿蹲、半转身等动作以及优美的身段扇动蚌壳时开时合,时进时退,时而向上伸展,时而就地歇息,呈现出各种

参加民俗展演

参加文艺演出

非遗选粹

送文化下乡

247

妖娆的体态。同时，一男子装扮成渔翁，头戴草帽，腰别鱼篓，手执渔网，表演观蚌、涉水、理网、撒网等各种动作形态。渔翁多次想网住蚌壳但又网而不得，时而被蚌壳夹住头部，时而被夹住手脚，逗得观众捧腹欢笑。

"蛙壳灯"一般在每年的正月初一开始表演，至正月十五日达到高潮。除在本村玩耍外，还应邀到本村的亲戚家去舞，都是爆竹接送，果品招待，穿街过户，全村观看，热闹非凡，给劳累一年的农人们增添节日喜庆的气氛。

疏口"蛙壳灯"舞2011年参加金溪县民俗文化展演获得一等奖，2012年参加全省高速公路文艺汇演荣获一等奖，目前正申报第五批省级非物质文化遗产。

（整理：陈振寿）

马步灯

马步灯流传于金溪县双塘镇翁塘周家,是一种由表演者扮成鞍马征战的忠勇武将,表现其行军、布阵、打仗等场面的灯彩。

翁塘周家建村于北宋,据说建村之后村民就喜欢舞马步灯,由此算来有近千年的历史。每年正月十三发灯,称头灯,十四、十五舞到高潮。乐队中有打击乐和吹奏乐。周家马步灯的打击乐节奏鲜明,变化多端,情绪饱满,极富地域特色。原有多套不同内容的节目,现在只留存两套:一套是"三国演义刘关张";另一套是"忠勇报国杨家将"。

"忠勇报国杨家将"这出戏,旨在歌赞穆桂英、杨宗保、孟良、焦赞忠勇报国。演员穿上戏曲人物的盔甲衣冠,扮成历史人物(多为鞍马征战的忠勇武将)。戏台上,穆桂英骑红马,杨宗保骑花马,孟良、焦赞二将皆骑白马,在强烈的民乐节奏中表演跑马、布阵、攻城、议事等动作。演员只演不唱,以锣鼓、唢呐等伴奏,全靠动

马步灯传承艺人

参加民俗表演

作来表现故事情节,有较强的象征性。舞马步灯体力消耗大,演员中途可休息,另由其他演员表演。

演出次序是先单马,四将先后上台亮相;后双马,两两一对;再由三马到四马全部上场。台步动作有跑顺字门、反字门、穿四门、划长鞭、马起纵等。四个马童代表兵勇,站成一排时,四马穿插驰骋,展示"一字长蛇阵";站成四方时,四马从不同的方位穿插,象征"四方阵""天门阵"等。"城门"一般作背景,马出没其中。但周家马步灯用活了"城门",有些场景改变了城门方位,从台后横排变为台中直布,观众

参加民俗展演

可以看到将马穿城，马在城内、城外的奔跑场景，类似现在的透视方法。

周家马步灯由竹篾扎成，分两节，一节为马头及前部，一节为后部及马尾，外面蒙上花色布，演员站在两节中间。走马时，屁股顶动后面竹篾，马灯的尾部便一耸一摇，显得十分生动。一般表演皆为4马，即有红马1匹、花马1匹、白马2匹。另要"打城门"3人，穿镶有"兵"或"勇"字衣服的马童4人，"打花钵"4人，掌旗1人。

乐队中有打击乐和吹奏乐，打击乐器有锣2面、鼓2个、钹2个、小锣2面；吹奏乐有喇叭2个、长号1个。周家马步灯的打击乐节奏鲜明，锣鼓欢快热烈，情绪饱满昂扬；节奏快时如疾风骤雨，慢时如焰火烟花，绚丽多姿，极有地域特色。全套动作表演约1个小时。

周家马步灯除了在本村舞，还可到女儿、外甥家去舞，深受礼待，接灯的人家一般都是鸣鞭放炮接送、丰盛果品招待。灯队表演时，穿街过户，全村观看，热闹非凡。若是在村镇空地舞时，往往是大人小孩围得水泄不通。马步灯表演象征着万马奔腾、吉祥喜庆，雅俗共赏，深受人民喜爱。

2008年5月，该项目被列入第二批省级非物质文化遗产名录。

（整理：陈振寿）

马步灯伴乐

矮脚龙

　　金溪民间灯彩"矮脚龙"至今已有数百年历史，发源于金溪市与贵溪县交界一带，由于时代变迁，此灯舞在贵溪已逐渐失传。金溪县何源镇彭家村农民却深爱此灯彩，经反复加工、提炼、完善，如今已成为流传广泛、深受群众喜爱的民俗表演形式，成为全县乃至全省别具一格的灯舞，是不可多得的民间艺术瑰宝。它既是金溪一种独特的民俗文化精品，也是群众节日期间一项休闲文化活动。

　　数百年前，当地百姓舞"矮脚龙"的最初用意，是用它来祈祷神明、消灾祛难。新中国成立前，人们舞龙以祈求风调雨顺、人寿年丰，尤其在大旱之际，祈盼天降甘霖，以保收成。这是人们出于对神的敬仰，祈求它能发挥想象中的神性作用，所以"矮脚龙"在乡民的心目中一直占有重要地位。新中国成立后，由于"矮脚龙"

舞龙训练

参加演出

风采多姿，意象含蓄广泛，在各级政府部门的关怀和支持下，得以发展提高。它不单单是人们祈求神明的活动，更成为表现人们奋发昂扬精神和庆祝幸福生活的一种艺术形式。因而节奏更加欢快热烈，喜庆味极浓。

"矮脚龙"的表演时间一般是在农历正月初一至十五这半个月内。在此期间，除在本村表演外，还去耍龙者的女婿家和女婿村，寄寓带去喜庆、好运和幸福之兆。在去之前，舞龙队先派遣两名手提太平灯的队长送帖到户，起着通风报信的作用，使接龙户做好充分的准备。龙队每到一村，还必须先到该村的"社公庙"礼拜一番，方才进村入户。

礼拜仪式完毕，龙队即到村中晒谷场或祠堂，首先为群众表演简单套路，然后再上门入户。进门前，户主点燃早已准备好的鞭炮，引龙进堂，倒茶奉果等一番招待后，户主再向龙队每位成员奉敬一碗喜酒，在喇叭声中，龙队起舞，给户主"开四门"。这时随着围观者数量的增加，鼓乐鞭炮声响彻云霄，不绝于耳，热闹非凡。

"矮脚龙"是集体表演的舞蹈，头、身、尾各节必须协调动作，整个队伍必须训练有素，配合默契。舞蹈表演的指挥是掌珠者，多由熟悉龙灯表演程序、体力好的高手担任。在队员安排上更是不可随意，从龙头的长者到龙尾的少年，论辈分排置九节，龙尾少年必须每届一换。在表演形式上，此舞的套路必须交叉重复两遍，且全过程中的"硬四门""龙过脊""摆龙""烧仓""龙盘柱""龙明镜""摆龙门阵"等动作必须分成四个方面平均表演，做到环环相扣，变化多端，动作矫健，节奏明快，气势雄伟。

"矮脚龙"彩灯舞的伴奏音乐采用打击乐，用鼓、锣、钹、唢呐协同演奏，其

传授技艺

扎制表演道具

　　乐曲热烈欢快，分为慢板、快板（急板）。路上行走及龙队变换队形前的瞬间即采用慢节奏，队形变换后用快节奏，现场全用急板乐，若表演需要时还可反复演奏。在平时表演时，亦可单用唢呐伴奏。平时劳动作息表演时，还可用口哨代替所需锣鼓。

　　"矮脚龙"制作精巧，其能屈能伸的灵巧结构，本身就是一种精美的手工艺品。制作时，只需要用青竹破条，编织成若干只竹篓（龙身），十丈二尺红棉布（丝绸更佳）和几扎彩色纸张，制作的木棍不超过两尺。在蒙好的红布上画出些龙鳞片后，整个龙身美观形象。演出服装无特殊要求，穿喜庆、普通的民族服装即可。

　　"矮脚龙"灯彩于2013年5月被列入第四批省级非物质文化遗产名录。

（整理：陈振寿）

金溪县历史文化名镇名村及传统村落分布图

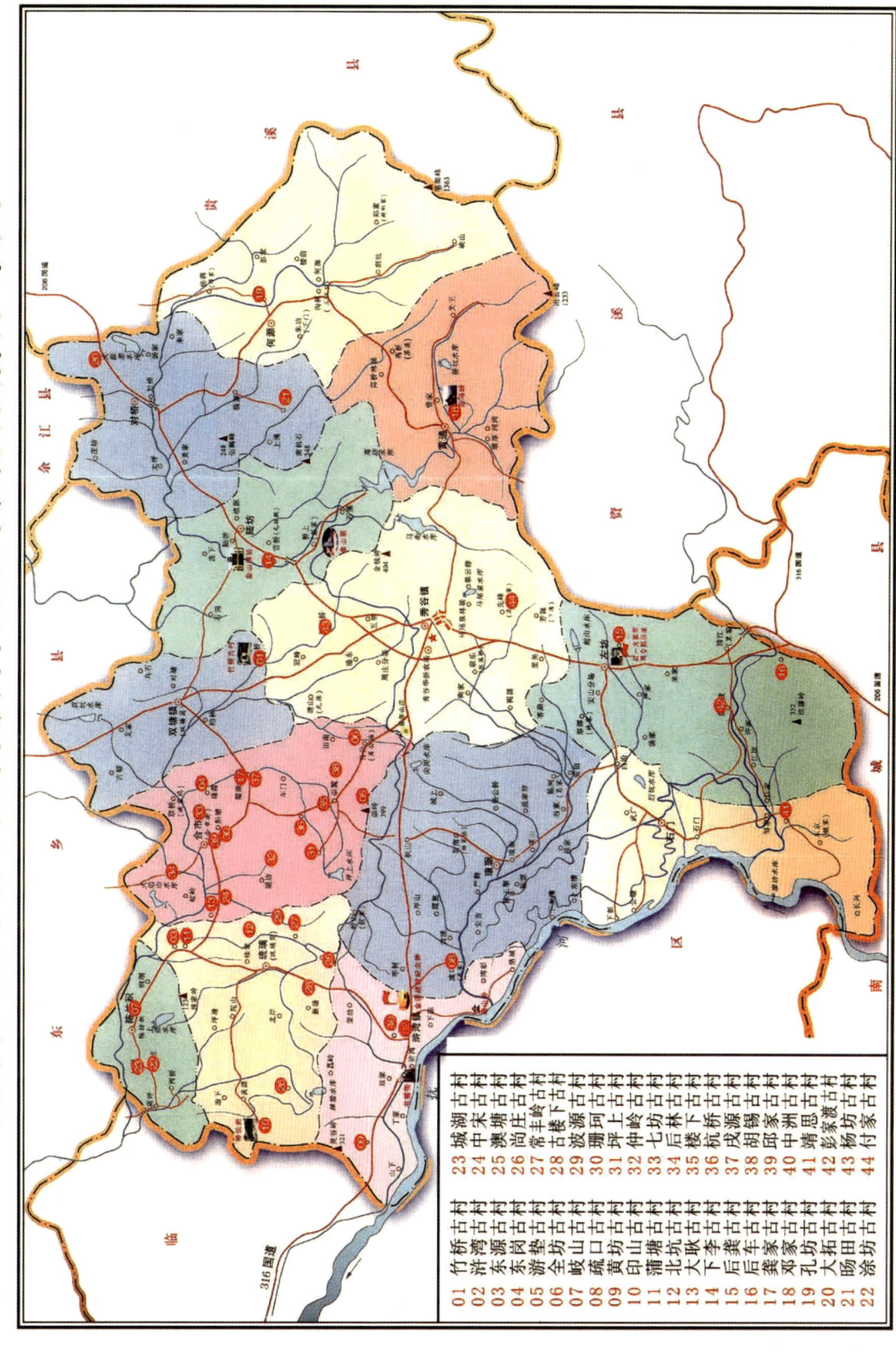

编号	名称	编号	名称
01	竹桥古村	23	城湖古村
02	浒湾古村	24	中宋古村
03	东源古村	25	澳塘古村
04	东岗古村	26	尚庄古村
05	游垫古村	27	常丰岭古村
06	全坊古村	28	古楼下古村
07	岐山古村	29	波源古村
08	疏口古村	30	珊河古村
09	黄坊古村	31	坪上古村
10	印山古村	32	仲岭古村
11	蒲塘古村	33	七坊古村
12	北坑古村	34	后林古村
13	大联古村	35	楼下古村
14	下李古村	36	杭桥古村
15	后龚古村	37	戌源古村
16	后车古村	38	胡锡古村
17	龚家古村	39	邱家古村
18	邓家古村	40	中洲古村
19	孔坊古村	41	靖思古村
20	大拓古村	42	彭家渡古村
21	旸田古村	43	杨坊古村
22	涂坊古村	44	村家古村

辉煌的沧桑——金溪古村落群印象

后　记

　　古村落如同一轴书卷，记载传承着乡土文化的发展和变迁；古村落又仿若一泓清泉，滋养濡润着淳朴村民的精神家园。位居江西"文化名县"之首的金溪，其古村落群生态环境良好、规划匠心独运、格局精彩纷呈、建筑艺术精湛、乡土故事动人、非遗丰富多彩，具有极高的人文认知与游览观赏价值，堪称明清赣派建筑代表。

　　现实是流动的历史，历史是凝固的现实。

　　金溪这部鸿篇巨制的史诗，其深厚的文化底蕴孕育了陆象山、危素、龚廷贤等一个个书写历史浓墨重彩的英才俊杰，演绎着炳垂青史的千古风流，留下了品读不尽的千年风韵。而一大批游弋于历史长河中的状元、进士、尚书、侍郎等，如群星璀璨，铸就了金溪古村落的辉煌。这些辉煌，凝固在飞甍翘壁、青砖黛瓦、散布四野的古村中；凝固在造型各异、韵味独特、仪态万方的古建上；凝固在放眼可见的大夫第、翰林第、侍郎坊里。

　　与千篇一律的现代乡村相比，金溪古村落是另一个世界。这方深受理学浸染的土地，依礼制造就出了一片"儒雅"的儒家田园。它中正、内敛，轮廓平直不奇，造型方正不斜，色彩灰白不明，于一石一瓦中传达出儒家风范。古村的每一处角落，都蕴藏着故事，充满了人文的诱惑，从容而典雅地向世人展示着她熔烁古今之韵、跨越时空之美。

　　金溪古村落的好，在于荒凉，在于原生态，在于一点都不矫情，未被浓重的世俗功利和喧嚣的商业炒作覆盖。这种自然而然的状态是质朴的精致，低调的奢华。凝重厚重铺染构成金溪古村画卷的底色，她用深厚而久远的历史沉淀，默然坚守于一方旷野，支撑起那份属于自己的自豪与荣光。

　　但是，荒凉不该成为古村落唯一的奢侈！

　　令人欣喜的是，当前，加强古村落保护与发展已成为社会各界的普遍共识，关心、关注古村落发展的有识之士亦是如此之多。在古村落保护与发展之路上，他们勠力同心，奔走呼告，不遗余力地延续古村落根脉，守住古村，守望传统，守护着共有的精神家园。

　　"千年古县，耕读传家。"人文深邃、古韵悠长的金溪古村落不仅属于历史，属于现在，更应属于未来。

集腋成裘，聚沙成塔。这部 10 万余字的《辉煌的沧桑——金溪古村落群印象》，以作品集锦、图文并茂的方式，共收录了 62 篇文稿和 360 余幅照片。编集人员博观约取，努力使它成为金溪古村的浓缩和荟萃，以期窥豹于一斑，全面客观地展现金溪古村落的概貌，浓缩成如诗如歌的文字，凝结为如花似锦的卷帙，让读者潜心了解金溪古村的历史，体验金溪古村的现在，憧憬金溪古村的未来，油然而生一种桑梓之情、故园之感。

正如"金溪古村"微信公众号创刊词开宗明义的那样——"寻访缤纷记忆　留住美丽乡愁"，编辑此书的初衷，在于让民众更好地感受古村落的文化精髓和价值所在；让乡民更加热爱故土家园，激发各界对古村落的保护热情；让承载中华农耕文明的传统古村落绽放异彩；让古建遗产可更好地留在当代、留给后世，延续历史和文化血脉。倘如此，编者当心慰矣。

翻阅赏心悦目的画卷，品读轻吟婉唱的文字，于发古思幽之余，不由激起对古村文化研究保护工作者的由衷钦敬。正所谓"不积跬步，无以至千里；不积小流，无以成江河"。正是因了他们对古村倾注着热爱，始终保持责任感和使命感，持续艰辛付出着，才避免了这许多精彩瞬间没有与我们失之交臂，也为金溪的未来，留下了一笔珍贵的资料与见证。相信假以时日，其价值必将随时移而彰显。他们的这份痴迷执着与锲而不舍，令人心生感慨！

在采编过程中，由于受篇幅、版面限制，以及时间紧、任务繁，难免挂一漏万，画册还难以全面反映金溪古村落的实际状貌，留下了遗憾，其瑕疵亦显而易见，但它毕竟是金溪古村落宣传、保护与发展工作的又一部结集。缺漏、谬误之处，希冀读者、方家批评指正。最后，向所有关心、支持、帮助本书出版之人表达衷心的感谢！

金　编

2016 年 8 月

图书在版编目（CIP）数据

辉煌的沧桑：金溪古村落群印象/王成兵主编.—南昌：江西人民出版社，2016.9

ISBN 978-7-210-08777-9

Ⅰ.①辉… Ⅱ.①王… Ⅲ.①村落—介绍—金溪县 Ⅳ.①K925.64

中国版本图书馆CIP数据核字（2016）第216550号

辉煌的沧桑：金溪古村落群印象
主　编：王成兵
责任编辑：王醴颉
书籍设计：同异文化传媒
出　版：江西人民出版社
发　行：各地新华书店
地　址：江西省南昌市东湖区三经路47号附1号
编辑部电话：0791-86898983
发行部电话：0791-86898815
邮编：330006
网址：www.jxpph.com
E-mail：380962900@qq.com　web@jxpph.com
2016年9月第1版　2016年9月第1次印刷
开本：889毫米×1194毫米　1/16
印张：17
字数：200千
ISBN 978-7-210-08777-9
赣版权登字—01—2016—554
版权所有　侵权必究
定价：68.00元
承印厂：南昌市红星印刷有限公司

赣人版图书凡属印刷、装订错误，请随时向承印厂调换